CW01638065

Les Cent Conseils

de Padampa Sangyé

Le Bouddha Shakyamouni

༄༅། །ཕ་དམ་པ་སངས་རྒྱས་ཀྱི་གསུང་དིང་རི་བརྒྱ་རྩ་མའི་
འགྲེལ་ཆ་ཡད་དེ་ལ་མཁྱེན་ཞལ་ལུང་བདུད་རྩིའི་བུམ་བཟང་
ཞེས་བྱ་བ་བཞུགས་སོ།།

པདྨ་ཀཱ་རའི་སྒྲ་བསྒྱུར་མཐུན་ཚོགས་ནས་
སྒྲ་བསྒྱུར་དང་པར་བསྐྲུན་འགྲེམ་སྤེལ་
ཞུས།།

L'Aiguière d'ambroisie des paroles de Dilgo Khyentsé,

commentaire des
« Cent Conseils aux gens de Tingri »
de Padampa Sangyé

Traduit du tibétain
par Matthieu Ricard
et le Comité de traduction Padmakara

Les Cent Conseils
de Padampa Sangyé

commentés par
Dilgo Khyentsé Rinpoché

PADMAKARA

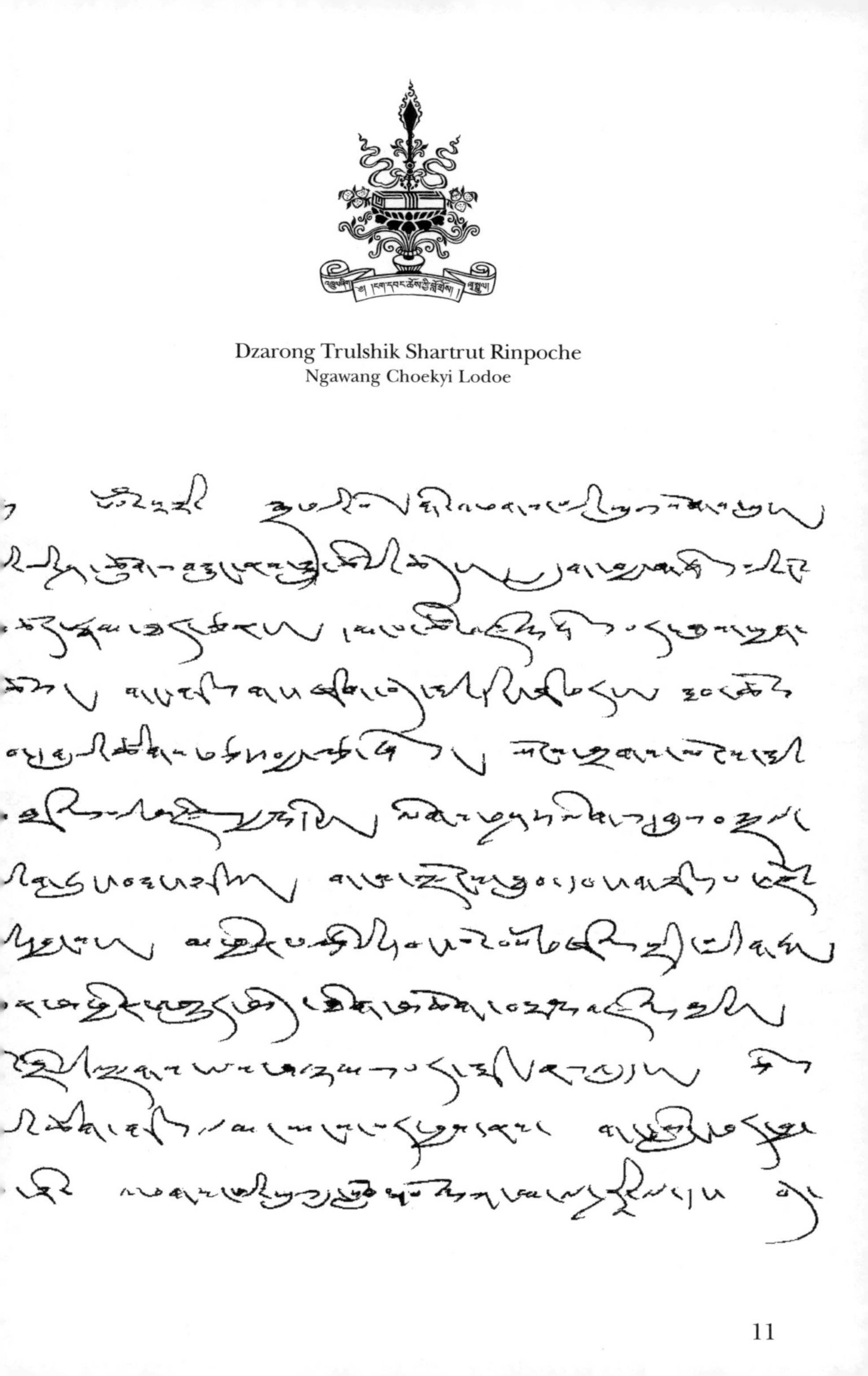

Dzarong Trulshik Shartrut Rinpoche

Ngawang Choekyi Lodoe

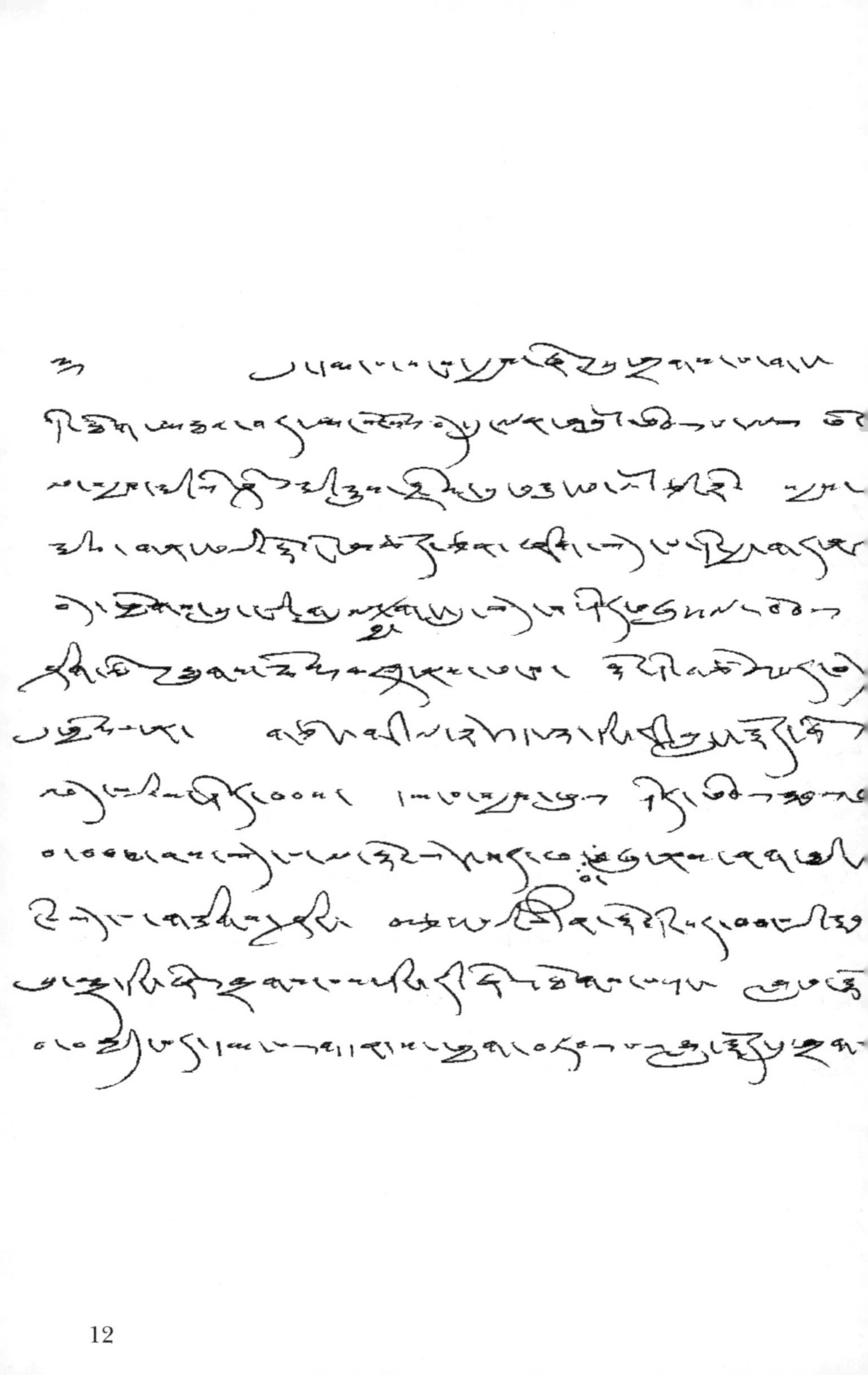

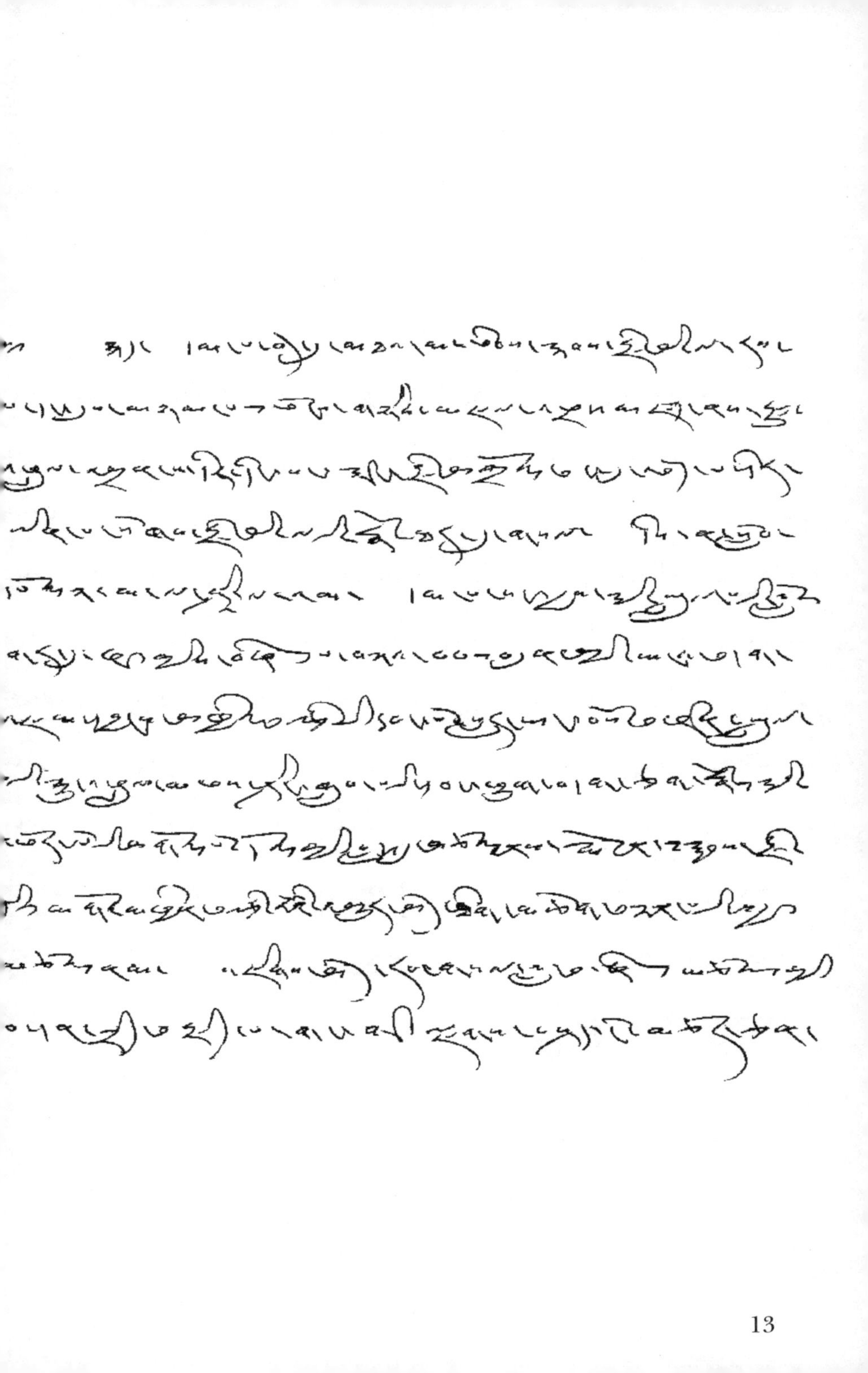

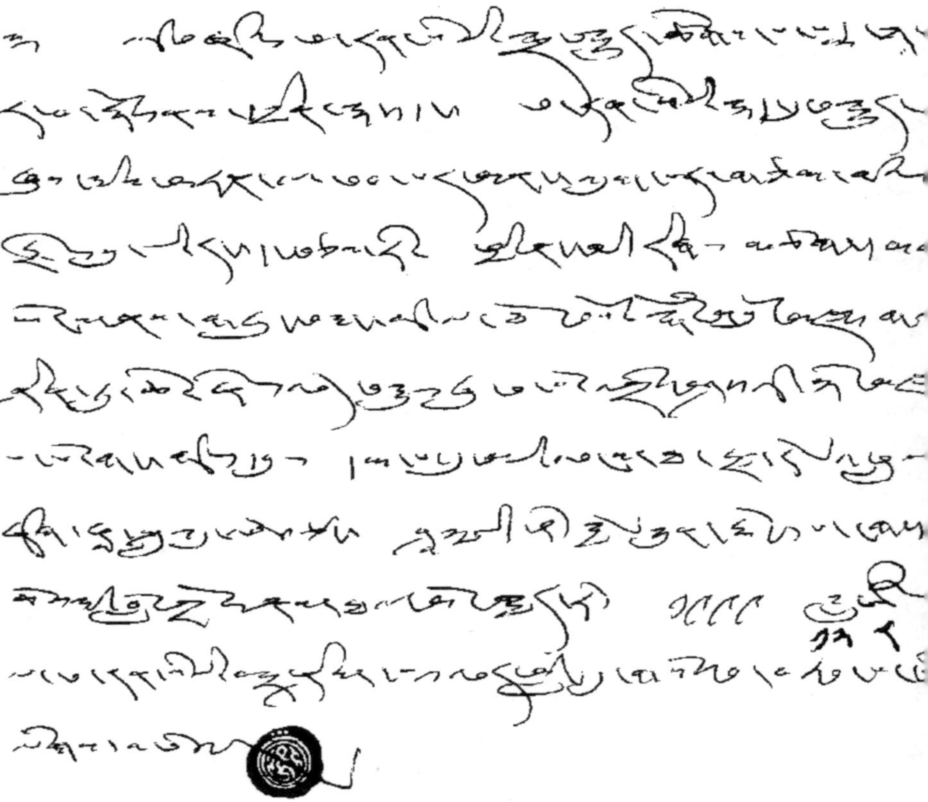

Préface

Om svasti

Je me prosterne avec adoration devant le Sublime Vidyadhara de Longue Vie
Dont la libération fut proprement extraordinaire
Car, Lion de la Parole incarné en être humain,
Il ne vécut pas moins de six cents ans en Inde et en d'autres contrées.

Les « Cent Stances » où sont toutes les profondeurs des enseignements profonds
Qu'il adressa aux gens de Tingri au Tibet
Sont célèbres au point d'orner toutes les gorges :
Les voici gracieusement expliquées en un texte

Qui tout émane de la bouche adamantine de l'Omniscient
Détenteur des enseignements, Immuable Véhicule Suprême,
Dansante réincarnation volontaire du Second Bouddha du Tibet,
Jamyang Khyentsé Wangpo : à ce texte je rends donc l'hommage le plus sincère !

Après cette entrée en matière inspirée, passons au vif du sujet.

Le personnage connu sous les noms d'« Acharya Kamalashila » en Inde et de « Padampa Sangyé » au Pays des Neiges effectua trois séjours au Tibet. Était-ce parce que le Bouddha en corps de sagesse avait fait de lui son disciple ? Toujours est-il qu'on raconte que le Bouddha lui avait remis une pierre extraordinaire. Un jour, il lança la pierre dans la direction du Tibet en formant le vœu qu'elle retombe là où il y aurait des êtres sensibles à sa prédication. À la recherche de sa pierre, Padampa entra au Tibet par Lateu, dans la province du Tsang, où elle était retombée, à l'emplacement actuel de Tingri Langkor. L'histoire raconte que, à l'époque où Padampa Sangyé arriva sur les lieux, tout était couvert de neige. Il lui fallut donc attendre que la neige fonde là où la pierre était tombée pour découvrir une zone noirâtre. Poursuivant ses recherches, il apprit que la pierre avait produit le son *ting* en tombant ; d'où le nom de *Tingri*, qui signifie « mont *ting* ». Quant au mot *Langkor*, c'est une déformation de *Lakor*, ou *Lawai korwa*, littéralement, « circumambulation de daims musqués », car Padampa Sangyé choisit d'établir son siège à l'endroit où les daims venaient se promener. Lors de son dernier séjour au Tibet, Padampa eut l'occasion de rencontrer le révérend Milarépa et de se livrer avec lui à un concours de prodiges à l'endroit appelé aujourd'hui *Nyingdjé Dreunkhang*, « Auberge de la Compassion » : c'est ce qui ressort de la biographie de Milarépa.

Or, Jamyang Khyentsé Wangpo, le détenteur des Sept Transmissions se présentant comme une émanation de l'Acharya Kamalashila ou de Padampa

Padampa Sangyé

Sangyé, décida de se réincarner en cet être de magie, le souverain des lettrés accomplis, le protecteur de notre mandala que pour l'occasion je nommerai : le suprême refuge Dilgo Khyentsé Rinpoché, dont le nom – Victorieuse Bannière des Enseignements de l'Immuable Véhicule Suprême ou Intrépide Lune Claire – semble un glorieux emblême qui flotte à la cime du monde. Et c'est bien ce seigneur qui donna des *Cent Conseils aux gens de Tingri* un commentaire extraordinaire dont le texte a été établi et corrigé, puis traduit en anglais et en français par le comité de traduction Padmakara. De cela je me réjouis sans la moindre affectation, car il est d'une extrême importance que chacun, soit-il bouddhiste ou non, étudie ce texte, y réfléchisse et le médite.

Cette recommandation émane du plus humble serviteur des êtres sublimes dont l'auteur du présent commentaire tient la tête, à savoir celui qui se fait appeler « trulkou de Dzarong Thrulshik Shadéou », le bonze ignare Ngawang Tcheukyi Lodreu qui, les mains jointes, formula cette prière le 8 décembre 1999 à Tashi Palbar Ling en Dordogne : que le bien s'en trouve accrû !

Note du traducteur

Ce texte a été commenté en 1987 par Sa Sainteté Dilgo Khyentsé Rinpoché en son monastère de Shéchen Tennyi Dargyéling au Népal, pour le bien de Lama Kunzang et d'autres disciples, à la requête de Konchog Tendzin (Matthieu Ricard).

Les cent une strophes ici traduites, numérotées de 1 à 101, obéissent au choix de Dilgo Khyentsé Rinpoché lui-même qui appuya son commentaire sur deux versions du texte présentant un certain nombre de variantes, et c'est en fonction de ce commentaire original que le traducteur a établi la présente recension des *Cents Conseils.*

Les deux versions du texte sont les suivantes :

1. *rJe btsun Dam pa Sangs rgyas kyis Ding ri par zhal chems su bstsal pa Ding ri brgya rtsa ma,* en 100 strophes : xylographe, 12 feuillets, monastère de Tingri Langkor (Tibet).

2. *rGya gar gyi grub thob chen po Dam pa rGya gar ram Dam pa Sangs rgyas zhes pa'i gsung mgur zhal gdams Ding ri brgyad cu pa,* en 80 strophes : p. 31/4-36/6, vol. *pa* du *gDams ngag mdzod* de Jamgön Kongtrul Lodrö Thayé.

Le traducteur tient à remercier Patrick Carré, Carisse Busquet, Sophie Landowski, Serge Bruna-Rosso et Anne Zonzon pour leur précieuse collaboration.

Introduction

Avant d'écouter ou d'étudier un enseignement, il est important de former le vœu d'atteindre l'Éveil pour le bien de tous les êtres. Seule la pratique spirituelle permet de réaliser ce vœu et de libérer le monde de la souffrance et de sa cause principale, l'ignorance. Conscients de la valeur et de la rareté des enseignements, nous devrions les recevoir et les mettre en pratique avec la plus grande attention, dans un état d'esprit humble et altruiste.

Ces *Cents Conseils aux gens de Tingri* ne sont autres que le testament spirituel du grand saint indien Paramabuddha, plus connu sous le nom tibétain de Padampa Sangyé[1]. Dans l'une de ses vies, Padampa s'était trouvé dans le proche entourage du Bouddha et celui-ci lui avait prédit une renaissance au cours de laquelle il accomplirait le bien d'un nombre incalculable d'êtres. Et c'est ainsi qu'il renaquit en la personne de Padampa, le « Père Sublime ».

Grand érudit, il étudia auprès de cent cinquante maîtres et mit en pratique leurs enseignements jusqu'à devenir un véritable trésor d'instructions spirituelles. C'était un yogi accompli : visions et miracles témoignèrent à l'envi de son accomplissement intérieur. Pour finir, il réalisa le corps de diamant qui transcende la naissance et la mort.

Il se rendit quatre fois au Tibet, trois fois en Chine, et répandit au Pays des Neiges les enseignements de la « Pacification de la souffrance[2] », l'une des huit grandes traditions du bouddhisme tibétain encore pratiquées de nos jours.

Padampa vécut longtemps dans la haute vallée de Tingri, aux confins du Népal. Quatre de ses innombrables disciples furent particulièrement chers à son cœur. L'un d'eux rentra un jour à Tingri après une longue absence. Ému de voir que son maître avait tant vieilli, il lui dit avec tristesse : « Être sublime, lorsque vous quitterez ce monde, vous irez sans nul doute de félicité en félicité, mais qu'adviendra-t-il de nous, gens de Tingri ? En qui pourrons-nous placer notre confiance ? »

Pour Padampa, mourir n'était que le passage d'une terre pure à une autre, mais, pour ses disciples, son départ signifiait ne plus voir son visage, ne plus entendre sa voix, et à cette pensée, leurs yeux s'emplissaient de larmes. Padampa composa donc ces *Cents Conseils* à leur intention.

« Dans un an, dit-il un jour, vous trouverez ici le cadavre d'un vieil ermite indien. »

Une année passa et Padampa montra des signes de maladie. À ceux de ses disciples qui s'inquiétaient de sa santé, il répondit laconiquement : « J'ai l'esprit malade », puis, devant leur perplexité, il expliqua ce qu'il ressentait : « Mon esprit se confond entièrement avec le monde des apparences. » Il exprimait ainsi que tout sentiment dualiste l'avait quitté. Avec un humour serein, il ajouta : « On peut soigner les maux physiques, mais ce mal-ci est incurable. » Il fixa alors son regard sur le ciel et s'éteignit.

Voici donc le testament spirituel qu'il nous laissa sous l'aspect de « cent » conseils aussi profonds que limpides, où le pratiquant sincère trouvera toutes les instructions nécessaires à la pratique authentique du Dharma.

Hommage au maître !
Écoutez-moi, fortunés pratiquants rassemblés à Tingri !

Padampa rend d'abord hommage à son maître spirituel, racine de toutes les bénédictions et union de tous les bouddhas du présent, du passé et du futur. Dans les habitants de Tingri, il voit des êtres « fortunés » qui, ardents à étudier et à pratiquer le Dharma, ont donné un vrai sens à leur vie.

De même que les haillons ne redeviennent jamais neufs,
Le malade au terme de ses jours est proprement incurable.

Comme un habit s'use avec le temps pour tomber en lambeaux, la vie s'épuise de jour en jour, seconde après seconde. Rien ni personne ne peut arrêter ce processus, qui est inéluctable, et nous partirons seuls, laissant tout derrière nous, en glissant hors de la vie comme un poil d'une motte de beurre[3]. À l'instant de la mort, le seul recours qui vaille est d'ordre spirituel et les seuls amis qu'on peut alors avoir, ce sont les actes positifs qu'on a accomplis jusque-là.

De même que les fleuves retournent à la mer,
Tous les êtres doivent quitter ce monde :
Ils n'ont qu'une seule destination.

La vie n'a d'autre issue que la mort, de même que les fleuves n'ont d'autre terme que la mer. Il n'est donc rien de plus précieux qu'un enseignement spirituel susceptible de nous aider au moment de la mort.

Voici les conseils de celui qui,
Tel l'oiseau sur la branche, s'envolera bientôt.

On laisse là ses terres et ses biens, toutes ces possessions illusoires parfaitement inutiles à l'instant de la mort. Les bouddhas et les maîtres, quant à eux, lèguent l'expression vivante de leur sagesse sous forme d'enseignements, offrant ainsi à ceux qui veulent s'engager sur le chemin de la libération une source constante d'inspiration, car leurs enseignements permettent, lorsqu'on les pratique, d'atteindre leur niveau de réalisation.

1 *Si, cette fois, vous partez les mains vides, gens de Tingri,*
Il vous sera difficile de gagner une autre existence humaine.

D'aucuns prétendent que rien ne presse et qu'il sera toujours temps de rencontrer un maître et de pratiquer. Cette vision des choses conduit à négliger le Dharma au profit des préoccupations mondaines. La mort n'est alors que la misérable conclusion d'une vie inutile.

Quand revient le temps des semailles, les paysans n'ajournent pas leur tâche et se mettent immédiatement à l'ouvrage. De même, lorsque toutes les conditions favorables à la pratique se trouvent réunies, il faut rassembler son énergie sans plus tarder et pratiquer.

2 *Consacrez tous vos actes, vos paroles et vos pensées au suprême Dharma,*
Gens de Tingri : c'est ce que vous avez de mieux à faire.

Nos actes, nos paroles et nos pensées déterminent notre karma, autrement dit, le bonheur et la souffrance qui seront notre lot. Si la balance de nos actes penche du côté négatif, nous souffrirons dans les états d'existence inférieurs du samsâra ; s'il penche du côté positif, nous pourrons nous libérer et atteindre la bouddhéité en une seule vie. Le choix qui s'impose est donc évident : renonçons aux causes de souffrance et œuvrons au bonheur.

Si, nés sous forme humaine en un lieu où le bouddhisme est florissant, nous rencontrons un maître spirituel accompli, nous comprendrons certainement que la mise en pratique de ses instructions nous apportera d'immenses bienfaits dans cette vie et dans toutes nos vies futures. Nous prendrons conscience que les distractions et les soucis mondains nous retiennent prisonniers dans le samsâra, et nous éprouverons le désir intense de nous en libérer. Pour l'heure, nous nous trouvons effectivement à la croisée de deux chemins, dont l'un conduit à la libération et l'autre aux destinées inférieures du samsâra.

Un soûtra le dit bien :

Bon, ce corps est la nef de la délivrance;
Mauvais, c'est une pierre au cou pour les tréfonds :
Du bien comme du mal il est le serviteur[4].

Il est donc essentiel de prendre la bonne direction et d'orienter ses actes, ses paroles et ses pensées vers le Dharma, tant il est vrai que les actes prennent un tour positif ou négatif selon l'intention qui les sous-tend, tout comme le cristal réfracte la couleur du support qu'on lui donne.

Les débutants devraient consacrer toute leur énergie à cultiver leurs tendances positives en évinçant leurs habitudes négatives dominantes. Ainsi, le brahmane Upagupta, qui vivait à l'époque du Bouddha, avait trouvé le moyen d'aiguiser sa vigilance et de mesurer ses progrès en faisant, chaque soir, deux tas de cailloux : un caillou noir pour chaque mauvaise pensée ou action de la journée, et un caillou blanc pour chaque pensée ou action méritoire. Au début, les cailloux noirs s'entassaient bien plus haut que les blancs, mais, peu à peu, les deux tas s'égalisèrent, et enfin, au terme d'un effort soutenu et prolongé, Upagupta en arriva à ne plus entasser que des cailloux blancs.

3 ***Confiez-vous aux Trois Joyaux sans la moindre restriction, gens de Tingri,***
Et vous en recevrez naturellement toutes les bénédictions.

La confiance absolue dans les Trois Joyaux et dans le maître spirituel qui les incarne évoque l'image d'un paisible lac aux eaux limpides dans lequel la lune des bénédictions peut se refléter avec clarté. Forts d'une telle confiance, que nous importent les circonstances favorables et les difficultés ! L'esprit imprégné de la présence des Trois Joyaux est forcément serein.

4 ***Détachez-vous de cette vie, gens de Tingri, et n'ayez souci***
Que de vos vies futures, car tout dépend de votre aspiration.

Il est futile de pratiquer le Dharma dans la perspective étroite de cette seule existence, à seule fin de jouir d'une bonne santé et d'une vie longue et prospère. C'est à notre avenir, à toutes nos futures existences et à celles de tous les êtres que nous devrions penser. La qualité positive ou négative d'un acte dépend de l'intention qui l'anime et non de son apparence. C'est dans ce sens que le Dharma a pour but la maîtrise et la transformation de l'esprit.

Pratiquons-nous pour notre propre bien ou pour celui des autres ? On répondra à cette question en allant jusqu'au fond de sa pensée. Comparés au bonheur et à la souffrance des êtres en nombre infini, notre bonheur et notre souffrance sont insignifiants. Tous les êtres aspirent au bonheur, mais ils essaient d'y parvenir à l'aide d'actes négatifs qui ne peuvent leur apporter que de la souffrance. S'ils avaient la chance de connaître le sens profond du Dharma, ils comprendraient, comme des aveugles recouvrant la vue, que seuls les actes positifs peuvent engendrer le bonheur pour eux-mêmes et pour les autres, dans cette vie et dans les vies futures. Il est vain de vouloir aider les autres tant qu'on n'a pas assimilé cette vérité.

Voici dans quel état d'esprit nous devrions recevoir les enseignements et les mettre en pratique : « Puissé-je atteindre l'Éveil et prodiguer à mon tour ces enseignements à tous les hommes pour les conduire sur le chemin de la bouddhéité. » Il serait vraiment regrettable de se dire, au contraire : « Si je deviens un savant célèbre, on me fera toutes sortes de cadeaux et je jouirai du respect de tous. »

Il est nécessaire de distinguer minutieusement ce qu'il convient d'adopter et de rejeter pour nous extraire enfin du cercle vicieux du samsâra et atteindre l'Éveil.

L'esprit qui s'oriente vers la vertu est naturellement suivi de ses serviteurs, la parole et le corps. Qui exécute des prosternations par milliers, récite des mantras par millions en restant plein d'attachement, d'animosité et d'ignorance ne fait que consommer un plat exquis mais empoisonné. Il n'est là rien qui permette de progresser vers la bouddhéité. Si, en revanche, nous conservons en toutes circonstances des pensées parfaitement pures, même nos actes les plus insignifiants garderont leur énergie positive jusqu'à la réalisation de l'Éveil : la goutte d'eau dissoute dans l'océan ne s'asséchera pas avant que l'océan tout entier ne s'assèche.

5 ***La famille dure aussi peu que la foule sur la place du marché :***
Ne vous critiquez plus les uns les autres, gens de Tingri, et cessez de vous quereller !

Les grandes familles sont souvent le théâtre d'attachements et de haines qui conduisent à autant de violence que de ressentiment. Nous devrions donc chercher à être aimables avec tous les membres de notre famille et les amener peu à peu au Dharma du simple fait de notre amabilité.

Les liens familiaux sont aussi éphémères qu'une réunion sur la place du marché. J'ai moi-même atteint un grand âge et, tout au long de ma vie, j'ai été le témoin de plus d'un problème entre mari et femme, parents et enfants. Lorsque le vent de la violence souffle sur une famille, certains de ses membres, comme possédés du démon, en viennent parfois à s'entre-tuer, ou à se suicider. Au départ, il ne s'agissait pourtant que de quelques pensées de haine ou d'attachement.

Réflexion faite, ce qui semblait une cause de dispute irrémédiable n'est qu'une construction mentale dénuée de toute réalité concrète et susceptible de se modifier à chaque instant. Il faut avoir perdu la raison pour se quereller, car les disputes engendrent toujours de grandes souffrances de part et d'autre. On chercherait en vain la moindre qualité positive à ce genre d'activité. En conséquence, dès qu'un homme et une femme se trouvent réunis du fait de leur karma, c'est à chaque instant qu'ils doivent rechercher l'harmonie.

Dans les monastères, un grand nombre de religieux ou de religieuses sont appelés à vivre ensemble, et il est alors essentiel que chacun se sente proche des autres en respectant la discipline et en gardant un parfait contrôle de soi. Les communautés monastiques harmonieuses constituent l'assise du Dharma.

Voilà qui s'applique encore au rapport du maître et du disciple. Si les disciples préservent la pureté du lien sacré qui les unit à leur maître, de ce lien spirituel portant le nom sanskrit de *samaya,* le maître sera satisfait et les disciples ne butteront sur aucun obstacle dans leur cheminement sur la voie.

Nombre d'entre nous ont franchi le seuil du Véhicule Adamantin ; ensemble, nous avons reçu des initiations du même maître au sein du même mandala : nous sommes ainsi devenus frères et sœurs spirituels. Toute discorde entre nous est une faute grave. En effet, s'il arrive, lors d'un rituel du Vajrayana, que certains participants se disputent, le rituel sera entièrement gâté, un peu comme si un rat était tombé dans une jarre de lait en le rendant impropre à toute consommation.

6 ***Les biens matériels sont des leurres de magie, gens de Tingri :***
Ne resserrez donc pas le nœud de l'avarice.

Quand bien même serions-nous riches à millions, vêtus comme des princes et nourris comme des rois, ces bienfaits n'en seraient pas moins voués à l'impermanence.

Toute naissance aboutit à la mort. Existe-t-il un être, un seul, qui aurait échappé à cette loi ? Tout ce qu'on a accumulé finit par s'épuiser. Quelle que soit la quantité de biens que nous avons pu amasser, tôt ou tard ils se trouveront dilapidés. Tous ceux qui se rassemblent finissent par se séparer. À l'heure qu'il est, cent mille personnes se sont réunies, mais avant longtemps elles se disperseront. Toute ascension appelle une descente : nul ne garde éternellement son rang.

Celui qui a bâti une grande fortune peut se répéter, non sans fierté, qu'il est riche, vraiment riche, mais il lui faudra fermer les yeux sur le fait que sa richesse repose sur le mensonge, la tromperie, le sacrifice des intérêts d'autrui, bref, sur autant d'actes négatifs qui ne peuvent engendrer que souffrance.

La richesse n'est pas mauvaise en soi, pour autant qu'elle a été acquise de façon honnête et qu'elle serve à des fins constructives. On l'emploiera à soulager la misère, à faire des offrandes aux Trois Joyaux et à soutenir la communauté monastique.

Ceux qui profitent de l'aide de bienfaiteurs devraient, sans la moindre avidité, user de ce soutien dans le seul but de poursuivre leur pratique spirituelle. Celui qui prodigue les bienfaits et celui qui les reçoit doivent tous deux êtres libres d'attachement et considérer leurs « possessions » comme des cadeaux illusoires qu'on leur a fait en rêve. Bien que la richesse et les mérites qu'elle permet d'accumuler n'aient, en vérité ultime, aucune réalité, ils peuvent néanmoins mener à la bouddhéité, laquelle est libre de tout attachement aux phénomènes.

Si l'avarice nous lie les mains en refermant nos esprits, il nous sera impossible de donner quoi que ce soit, et la simple vue de la générosité d'autrui nous sera pénible : nous aurons ainsi créé toutes les conditions propices à une naissance dans le monde des prétas, ces esprits que la faim et la soif torturent sans répit.

Au temps du Bouddha mourut un moine riche d'un superbe bol d'aumônes auquel il était fort attaché. Une fois mort, et avant même que son corps n'eût été brûlé, le moine reprit naissance dans la peau d'un serpent venimeux. À peine né, le serpent glissa jusqu'au bol d'aumônes et s'y enroula ; gonflé de sifflements, il menaçait de mordre quiconque s'en approcherait. On rapporta l'incident au Bouddha et celui-ci expliqua le destin du serpent. Ensuite, en quelques paroles de vérité[5], il exhorta le reptile à ne plus penser sans cesse à nuire. Aussitôt, l'animal sortit du bol et s'enfuit dans la forêt. Toutefois, son attachement et sa haine avaient tant de force, que, dans un vomissement de flammes, il mourut pour renaître sur-le-champ dans le feu des enfers. Or, comme au même instant on allumait le bûcher funéraire du moine défunt et qu'ainsi trois feux brûlaient en même temps, le malheureux reçut le surnom de « Trois Fois Brûlé ».

Il faut être généreux et donner autant qu'on le peut à ceux qui sont dans le besoin. L'offrande de *tormas d'eau* le matin et de *fumées de nourriture*[6] le soir soulage les prétas des affres de la faim, surtout si ces offrandes leur sont faites avec grande compassion. La générosité véritable repose sur l'amour du prochain et le non-attachement.

7 *Ce corps n'est qu'un sac d'immondices, gens de Tingri :*
À quoi bon l'apprêter, l'embellir ?

« Je suis la plus belle, pense la jolie fille ; je peux séduire qui je veux. » Son corps, si attirant, n'est que chair, sang, lymphe, os et diverses sécrétions : rien de particulièrement excitant ! Le corps humain ressemble à un vase de fine porcelaine rempli d'excréments : ouvrez-le, vous aurez la nausée.

Quelle perte de temps et d'énergie que d'accorder tant de soin à son corps en le nourrissant des meilleures choses, le couvrant des habits les plus élégants, et en essayant de le faire paraître plus jeune qu'il n'est ! Le corps n'a d'autre destination que le cimetière où il sera brûlé ou enterré, ou laissé en pâture aux animaux.

Mus par les plus vaines considérations, nous nous lançons dans les affaires, nous entrons en compétition avec nos concurrents et n'hésitons pas à mentir et à tromper tout le monde, ajoutant ainsi le poids de nos actes négatifs à la futilité de nos buts. Qui plus est, nous ne sommes en fin de compte jamais satisfaits : nos richesses ne sont jamais assez importantes, notre nourriture jamais assez bonne et nos plaisirs jamais assez intenses.

À quoi bon le superflu lorsqu'on a de quoi se vêtir contre le froid et suffisamment à manger pour entretenir cette si précieuse existence ? Nos ancêtres spirituels s'en contentaient bien. Ils ne convoitaient guère les parures luxueuses ni les plats coûteux et raffinés. Et ils se moquaient éperdument du confort, de la célébrité et des conversations mondaines.

Cependant, si le corps ne mérite vraiment aucune attention du point de vue ordinaire, il peut, d'un autre point de vue, devenir un outil d'une valeur inestimable lorsqu'il s'agit de pratiquer le Dharma. Cet outil n'est, hélas, mis à notre disposition que pour une brève durée : cette vie. Nous devrions donc en user à bon escient, non en jouissant le plus possible des plaisirs et du confort vulgaires, mais en faisant de notre vie un progrès vers l'Éveil.

L'obsession du corps augmente l'attachement et les passions. Reconnaissons que le corps n'est qu'une illusion magique. Ne lui accordons que les soins nécessaires pour rester en bonne santé et consacrer toutes nos forces à la pratique spirituelle. De la sorte, nous serons un jour semblables aux bodhisattvas qui n'éprouvent pas le moindre attachement pour leur corps et sont prêts à sacrifier leurs membres, leurs yeux, et même leur vie, pour le bien des autres.

8 Vos parents et vos amis, gens de Tingri, sont des illusions trompeuses :
Tranchez les ronces de l'attachement.

La simple vue de nos amis et de nos proches nous rend heureux. Il suffit que notre enfant pleure pour que l'inquiétude nous étreigne. Ces sentiments nous dominent entièrement et nous égarent. Au lieu de prier pour renaître dans une terre de bouddha, ou comme un ermite pratiquant le Dharma en toute sincérité, nous nous raccrochons à nos proches en redoutant leur mort autant que la nôtre. Nous obsédant jusqu'à notre dernier souffle, ils nous empêchent d'affronter la mort avec lucidité. Lorsqu'il s'agit de s'en aller en retraite solitaire dans la montagne pour se consacrer à la pratique, on peut se demander : « Qui va prendre soin de ma famille, de mes affaires, de mes terres ? » Et l'on n'a plus qu'à tout reporter à une autre fois.

Si nous voulons raffermir notre détermination, considérons le monde qui nous entoure, de même que nos proches et nos biens, comme des apparitions irréelles comparables à des visions de fantasmagorie, et imitons le magicien qui les aurait créés car, parfaitement conscient de l'irréalité de ses créations, il sait jouir de leur compagnie sans s'y attacher.

Nous menons pour la plupart une vie de famille. Or, une famille peut rester unie au plus le temps d'une vie, mais souvent moins. Tant que dure cette union éphémère, efforçons-nous de rester en parfaite harmonie les uns avec les autres, tout en pratiquant le Dharma autant que possible. Nuit et jour, tournons notre esprit vers la compassion et le bien. Une simple prosternation, une courte prière, un instant de contemplation de la nature de l'esprit, voilà autant de germes d'illumination.

L'union du mari et de la femme, des parents et des enfants, dans cette vie, résulte des actes passés, d'un karma qui leur est commun. Il faut donc éviter à tout prix de se quereller, et vivre en harmonie. S'il nous arrive un jour de renoncer à notre famille pour embrasser la vie monastique, prions pour que nos proches et nos amis soient, lorsque nous aurons atteint l'Éveil, les premiers disciples que nous conduirons sur le chemin de la libération.

9 ***La terre de vos pères, gens de Tingri,***
N'est qu'un camp de nomades : ne vous y attachez pas.

Nous appelons « patrie » le pays où nous sommes nés. Mais en vérité, il n'est pas un seul endroit, dans les six domaines du samsâra, qui ne soit notre patrie puisque nous y sommes nés et renés maintes et maintes fois. De même que les nomades déplacent leur camp à chaque saison, nous changeons de pays chaque fois que nous naissons. À quoi bon s'attacher à une terre plus qu'à une autre ?

10 ***Les êtres des six mondes ont tous été vos bienveillants parents,***
Gens de Tingri : ne croyez pas au « moi » et au « mien » !

Les six destinées constituent une patrie que nous partageons avec tous les êtres. Dans une vie ou une autre, chacun a été notre mère, notre père, notre ami ou notre ennemi. Il est donc insensé d'établir, dans le cadre étroit de la vie présente, une discrimination entre les amis que nous voulons garder et les ennemis que nous voudrions écarter. Les notions d'ami et d'ennemi, rigides et contraignantes, alimentent un torrent d'attachements et de haines qui obscurcissent l'esprit.

Cessons d'enregistrer des actes négatifs en nous arrêtant aux notions de « moi » et de « mien », et en obéissant aux sentiments d'attirance et de répulsion que ces notions suscitent.

11 ***Le jour de votre naissance, vous avez commencé à mourir,***
Gens de Tingri : ne perdez plus un seul instant !

On considère la naissance d'un enfant comme un des événements les plus heureux qui soient. Rien pourtant ne pourra le détourner de son inéluctable course vers la mort. Quelque direction qu'il prenne dans la vie, aucun de ses pas ne l'éloignera de la mort. Le proverbe dit : « Plus le soleil poursuit sa course, plus l'ombre des montagnes du couchant se rapproche. Plus la vie avance, plus la mort est imminente. »

Une fois adolescent, l'enfant pensera peut-être qu'il a tout son temps. Quelle erreur ! Il est insensé de toujours tout remettre au lendemain. L'heure de la mort peut sonner à tout moment. Chaque respiration est un mouvement de plus vers la mort, comme chaque pas rapproche de sa fin l'animal qu'on mène à l'abattoir.

Cette vie est unique, les vies futures, innombrables : ne les sacrifions pas à la recherche du bien-être illusoire de la seule vie présente. Si, jour après jour, nous négligeons de pratiquer, nous le regretterons amèrement au moment de la mort, mais il sera trop tard. Faut-il attendre la dernière extrémité pour commencer à pratiquer ? Consacrons-nous sur-le-champ à la pratique spirituelle : l'expérience que nous en retirerons est la seule chose susceptible de nous aider au moment de la mort.

12 *La méprise n'est pas fondamentale, mais adventice,*
Gens de Tingri : regardez bien comment elle procède.

Si l'ignorance existait réellement, il n'y aurait pas moyen de l'éliminer, de même que le charbon ne blanchit guère si on le lave. La nature de bouddha est fondamentalement pure et inaltérable comme l'or. L'ignorance peut la voiler temporairement, comme la boue recouvrir une pépite sans toutefois s'y introduire.

L'ignorance se forme spontanément, comme un nuage dans le ciel. Le nuage ne se trouvait nulle part avant d'exister, et bientôt il se sera évanoui. À présent, il apparaît comme une imposante masse blanche qui voile l'éclat du soleil. Envolons-nous vers ce nuage et entrons-y : il est impalpable. Le soleil, quant à lui, demeure inaltéré.

L'ignorance est elle aussi insaisissable. Les voiles qu'elle tisse sont de nature contingente, éphémère; ils n'affectent en rien la réalité primordiale : ils ne lui appartiennent pas. L'ignorance, mère de l'égarement, ou de la méprise, pousse les êtres dans le samsâra, mais, en dépit de son apparente consistance, elle n'a pas un atome de réalité indépendante. Faute d'être née, elle ne peut exister et encore moins cesser d'exister. Dès que la réalisation de leur vacuité dissipe les voiles de l'ignorance, les qualités naturelles de la bouddhéité se révèlent. Ainsi le soleil, qui n'a jamais cessé de briller, apparaît-il dès que le vent a chassé les nuages.

13 Consacrez-vous au sublime Dharma sans distraction,
Gens de Tingri, car il vous guidera après la mort.

La fleur de la jeunesse nous comble de saine vigueur et nous voulons jouir intensément de la vie. Avec un enthousiasme inentamé, nous nous évertuons à accroître notre fortune et notre pouvoir. Certains n'hésitent pas à nuire aux intérêts d'autrui pour arriver à leurs fins. Mais à l'instant de notre mort, nous comprendrons combien toutes ces fébriles activités étaient vaines. Il sera trop tard, hélas, pour revenir en arrière.

La plus grande beauté n'a jamais pu séduire la Mort; la plus grande fortune ne peut la soudoyer; la plus grande force ne peut la contraindre d'attendre un instant. Les puissants chefs d'État lui obéissent eux aussi; et les généraux, même s'ils disposent d'un énorme arsenal, restent désarmés devant elle. Rien ne sert plus au moment de la mort, si ce n'est l'expérience spirituelle qu'on aura acquise au cours de sa vie.

Vite ! Pratiquons avant que la vieillesse ne nous prive de nos facultés physiques et intellectuelles. Tournons le dos à la confusion et aux distractions puériles de la vie ordinaire pour nous consacrer à la pratique du Dharma. Alors, quand la mort viendra, ainsi que le dit l'inégalé Gampopa : « Dans le meilleur des cas, nous réaliserons la nature des choses, le corps absolu. Dans le cas intermédiaire, la certitude de renaître dans une terre de bouddha nous comblera de joie comme un enfant qui rentre à la maison. Dans le pire des cas, nous n'éprouverons aucun regret, car nous aurons pu rencontrer un maître spirituel et pratiquer ses instructions. » Préparons-nous dès à présent, et nous pourrons appliquer, à l'instant de notre mort, les enseignements que nous avons reçus.

14 Le mûrissement du karma est absolument soumis aux lois de la causalité,
Gens de Tingri : évitez donc les actes nuisibles.

Si nous disparaissions comme l'eau absorbée par la terre sèche ou comme une flamme qui s'éteint, nous pourrions prendre la mort à la légère. Mais il n'en est rien. Si nous abandonnons notre corps, nous gardons notre esprit, et celui-ci voyage dans l'état de transition qui va de la mort à la renaissance appelé *bardo*[7]. Dans cet état où l'on n'a pas de corps matériel, on ne peut pas utiliser ses cinq sens de façon ordinaire. On est démuni de tout. On est comme arraché à la compagnie de ses parents et amis, tel un poil extrait du beurre[8].

Une seule chose, cependant, nous accompagnera alors comme notre ombre : la somme de nos actes. Si les actes négatifs prédominent, on n'échappera pas aux tourments des domaines inférieurs du samsâra. Dans le cas contraire, on reprendra naissance dans un état d'existence supérieur et l'on pourra continuer de marcher vers la libération.

Sur les sentiers du *bardo,* nous ne pouvons pas faire ce que bon nous semble ni prendre notre temps : il n'y a aucune échappatoire. Notre karma nous pousse comme une plume au vent, tandis que les messagers de la Mort nous entraînent. Pas un instant de répit pour se ressaisir. Nous ne pouvons plus nous arrêter et repartir à notre gré ; ballotté çà et là, notre corps mental ne nous obéit pas.

Il est essentiel d'acquérir la conviction que l'univers et les êtres obéissent aux lois de la causalité. Milarépa expliquait qu'il avait pu se vouer à la pratique spirituelle et atteindre l'Éveil en une seule vie grâce à la certitude qu'il avait acquise à l'endroit des lois du karma. Toute action apporte inévitablement un résultat. Les traces de nos actes positifs et nuisibles demeurent inscrites dans le substrat de notre conscience. Il n'y a que deux façons d'effacer un acte négatif : soit en faisant l'expérience de la souffrance qui en est la conséquence naturelle, soit en le dissolvant à l'aide des antidotes appropriés avant l'apparition de ses effets funestes.

Notre maître spirituel nous explique, certes, que les actes positifs et négatifs ont des conséquences inéluctables ; nous l'entendons bien mais nous n'y croyons pas vraiment. En effet, si nous y croyions vraiment, nous n'oserions plus commettre le moindre acte nuisible et ferions tout pour multiplier nos actes positifs, même les plus insignifiants : n'accorde-t-on pas de valeur à une pépite d'or, même petite ?

15 ***Tout ce qu'on peut faire, gens de Tingri,***
On le fait comme en rêve : pratiquez plutôt le rien-à-faire.

Les activités de la vie se succèdent et se pressent comme les vagues sur la mer. Les riches n'ont jamais assez d'argent et les puissants jamais assez de pouvoir. Réfléchissons : la meilleure façon de satisfaire tous nos désirs et de mener tous nos projets à terme, c'est de les laisser tomber.

L'être réalisé voit les préoccupations des êtres ordinaires comme les péripéties d'un rêve et les considère comme un vieil homme regarde les enfants jouer. Peut-être avons-nous rêvé la nuit dernière que nous étions un grand roi : qu'est-il resté de ce règne quand nous nous sommes réveillés ? Ce que nous vivons pendant l'état de veille n'a guère plus de réalité. À quoi bon poursuivre tous ces rêves insaisissables ? Plutôt que de nous attacher à ces chimères, nous devrions laisser notre esprit reposer dans une contemplation sereine, libre d'agitation mentale et de distraction, jusqu'à ce que la réalisation de la vacuité nous imprègne au point de faire partie de nous.

16 ***Donnez tout ce à quoi vous êtes attachés,***
Gens de Tingri : rien n'est indispensable.

Pensons à quelqu'un, à un objet, à une situation, ou encore à la beauté, au pouvoir, à la richesse auxquels nous sommes si attachés, et examinons-les jusqu'en leurs fondements : toutes ces choses ne sont-elles pas illusoires ?

Lorsque nous percevrons tout de cette façon, nos attachements, nos désirs diminueront, et nous n'éprouverons plus le même besoin pressant de posséder. Celui qui n'a besoin d'absolument rien se trouve de lui-même dans un état de libre sérénité.

Si, au contraire, nous vivons et mourons dans un état d'attachement intense, notre existence présente et les suivantes seront malheureuses. Celui qui meurt avec pour seul souci la fortune qu'il laisse derrière lui deviendra un esprit torturé par l'avarice, qui rôdera sans cesse autour de ce qui fut ses biens.

En fait de nourriture et de vêtement, les grands saints qui pratiquaient autrefois se contentaient de ce qu'il faut pour rester en vie et se protéger du froid. Néanmoins, personne n'était plus riche qu'eux, car la richesse appartient à celui qui se contente de ce qu'il a. Kharak Gomtchoung, qui vivait dans une grotte au Tibet, était l'un d'eux. À l'entrée de sa grotte poussait un buisson d'aubépine envahissant qui accrochait la robe de l'ermite chaque fois que celui-ci passait. L'ermite avait souvent, bien sûr, envie d'arracher le buisson, mais aussitôt la pensée de la mort lui venait à l'esprit et il se disait : « Qui sait quand je mourrai ? Mieux vaut consacrer à la méditation le temps que je passerais à arracher ce buisson. »

Et c'est à force de méditation que Kharak Gomtchoung parvint à voler dans les airs et à accomplir toutes sortes de prodiges. À la mort de l'ermite, le buisson était toujours là. Donc, si les pratiquants de cette envergure ne se permettaient pas de perdre un seul instant, comment nous, qui avons tant à faire pour progresser sur la voie spirituelle, oserions-nous perdre notre temps dans les activités les plus vulgaires ?

17 ***Vous ne serez pas toujours de ce monde, gens de Tingri :***
Préparez-vous dès à présent au grand départ.

Il nous est arrivé à tous de vouloir construire une solide maison dans laquelle nous pourrions vivre plusieurs dizaines d'années et qui nous survivrait pendant des siècles. Ou encore, qui n'a jamais rêvé de faire fortune pour ne plus jamais avoir de soucis ? C'est le « démon de l'éternité » qui nous saisit alors en nous faisant croire que tout dure à jamais.

Il est vain de penser que les êtres ou les choses nous appartiennent pour la vie. Quel misérable spectacle offrent ceux qui, aveugles aux tourments qui les attendent, meurent en ne se souciant que de leurs proches, des biens qu'ils laissent et de leur testament – lequel est un pur gage de la somme de leurs attachements. Quel réconfortant spectacle, en revanche, que ces sages qui considèrent que rien ne leur appartient, pas même leur corps et moins encore leurs biens et leur gîte. Ceux-là voient toutes choses comme des objets illusoires qui leur ont été momentanément prêtés.

Un long voyage nous attend dans les six domaines du samsâra. À l'image du marin qui prépare méticuleusement son périple autour du monde, c'est en pratiquant le Dharma que nous préparerons au mieux le voyage, bien plus lointain encore, de la mort et de la renaissance.

18 ***Quand vous aurez réglé toutes vos affaires, gens de Tingri,***
il sera trop tard pour pratiquer :
Pratiquez donc dès que vous y pensez !

Nombre de jeunes gens pensent qu'ils pourront mener à bien leurs projets en dix ou vingt ans et que, ensuite, ils pratiqueront tranquillement le Dharma. Ceux-là ignorent la fragilité de l'existence. Combien sont morts jeunes, de la façon la plus imprévisible ? Il serait présomptueux d'affirmer que rien de tel ne nous arrivera. Qui plus est, les activités de cette vie n'en finissent jamais, à l'image des vagues sur le lac.

Si la pensée de pratiquer le Dharma vous vient, n'hésitez pas, ne remettez pas cette décision au lendemain. Le bon moment, c'est *maintenant*. Le paysan n'attend pas pour semer que le gel durcisse la terre : il le fait lorsqu'elle est tiède et humide. Dès lors que vous avez rencontré un maître spirituel et reçu ses instructions, vous êtes prêts à parcourir le chemin vers l'Éveil.

19 Les singes ne pensent qu'à jouer dans les arbres,
Gens de Tingri, mais le feu encercle la forêt.

Au cœur de la forêt, les singes s'élancent de branche en branche avec insouciance, ils batifolent et mangent des fruits délicieux. Ils ne savent pas que le feu les encercle et qu'ils ne tarderont pas à être brûlés vifs. L'orgueilleux, le puissant, le riche égoïste s'amusent, inconscients des embuscades que leur tend la Mort. Il vaut donc mieux réfléchir quelques instants à ce qui importe réellement au moment précis de la mort et pratiquer le Dharma – la seule façon sensée d'utiliser sa vie.

20 Pas de gué ni de pont sur le fleuve de la naissance, de la maladie, de la vieillesse et de la mort :
Avez-vous préparé votre barque, gens de Tingri ?

La naissance, la maladie, la vieillesse et la mort sont les quatre grands tourments du genre humain. La naissance est le seuil de la vie et, partant, le seuil de la souffrance. La vieillesse aura tôt fait d'altérer notre santé, d'affaiblir nos sens, de nous voler nos dents et de blanchir nos cheveux. La perte de la mémoire rend acariâtre et personne ne veut obéir aux vieux grognons. L'inquiétude ne cessera de nous tourmenter : qu'adviendra-t-il de nos biens, de toutes nos affaires si nos enfants continuent de les négliger ? La maladie, elle aussi, apporte son lot d'afflictions. Diminués et perclus de douleurs, nous devrons pour finir affronter les affres de la mort.

Ces quatre grandes épreuves forment un fleuve tumultueux qu'il nous faut tous traverser. Ne vaut-il pas mieux préparer dès à présent la barque qui nous permettra d'atteindre l'autre rive ?

21 Dans les coupe-gorge étroits de la naissance, de la mort et du bardo,
Les brigands des cinq poisons se tiennent embusqués :
Puisse alors, gens de Tingri, votre maître vous escorter.

Celui qui doit traverser une région infestée de bandits de grand chemin est obsédé par l'idée qu'il pourrait y laisser sa vie. De même, celui qui s'efforce d'atteindre l'Éveil doit s'attendre à rencontrer d'épouvantables obstacles : la colère, le désir, la confusion mentale, l'orgueil et la jalousie. À peine a-t-on déjoué les pièges des brigands du désir et de l'attachement que la colère se dresse à la croisée des chemins. Échappez-lui, et vous tomberez sur l'orgueil et la jalousie. Aucun de ces brigands n'hésitera un seul instant à tuer en vous la moindre chance de libération. Dans ces conditions, il vous faut une escorte des plus sûres, et c'est le maître spirituel qui vous la fournira, car seules ses instructions vous permettront d'arriver sains et saufs.

L'enjeu étant de taille, il s'impose de commencer par chercher un maître qualifié. Dès qu'on lui a accordé sa confiance, il est bon de suivre ses conseils. Il reste alors à apprendre comment pratiquer correctement. En faisant preuve de savoir-faire au cours de ces trois étapes, on progressera vite et sans obstacles. C'est bien grâce au maître spirituel que le Dharma s'offre comme les précieuses denrées d'un bel étal sur la place du marché. Ne serait-ce pas folie que de manquer cette occasion ?

Remettez-vous à un maître, et vous aurez une pratique à appliquer en vieillissant, une autre en cas de maladie, et une autre encore au seuil de la mort. Ainsi serez-vous prêts à affronter avec confiance et stabilité tous les événements de la vie et de la mort.

22 *Le refuge infaillible, gens de Tingri, c'est votre maître spirituel :*
Portez-le sans relâche au sommet de votre tête.

Le maître ne cesse un seul instant de bénir ses disciples; il est en cela comparable au *makara*[9] des fonds marins qui ne lâche jamais ce qu'il porte entre ses dents. Si nous accordons notre confiance à notre maître, il nous guidera jusqu'à l'Éveil. Nous évoluerons spirituellement d'autant plus vite que nous aurons plus de dévotion pour lui. Et s'il nous apparaît comme le Bouddha en personne, nous parcourrons rapidement la voie sans rencontrer d'obstacles.

Comment honore-t-on son maître ? En lui faisant des offrandes matérielles ou, mieux encore, en le servant avec le corps, la parole et l'esprit, et, surtout, en pratiquant ses enseignements sans faillir.

Comment pratique-t-on ? On commence par recevoir les instructions d'un maître qualifié ; ensuite, on s'assure de leur signification ; et, enfin, on les intègre.

Dans quelles limites faut-il pratiquer ? Comme un yack affamé qui broute une touffe d'herbe en couvant des yeux la suivante. Nous devrions déborder de joie et brûler d'enthousiasme à l'idée de pratiquer, sans plus sombrer dans l'indolence ou l'apathie, et sans jamais nous permettre de penser que nous en avons fait assez. Quand on a pratiqué un peu – quelques centaines de prosternations, quelques milliers de mantras –, on est fier de soi, mais on n'hésite pas à tuer les insectes et à n'en faire qu'à sa tête en se moquant éperdument des actes négatifs, même des plus encombrants : voilà comment on peut se tromper sur toute la ligne.

La direction du maître spirituel nous est aussi nécessaire que la tutelle des parents pour un enfant : sans leur aide, comment apprendrait-il à parler, à lire, à écrire ?

Il faut replacer toutes les expériences de la vie dans la sphère de la dévotion au maître. Quand la pratique découle de ce principe essentiel, elle ne présente plus de difficultés. Lorsque tout va pour le mieux, voyons notre bonheur comme la bénédiction de notre maître, mais ne nous y attachons pas, car ce n'est là qu'un rêve, une illusion.

Si nous ne rencontrons que souffrances, voyons toutes ces souffrances comme autant de bénédictions de notre maître. Ainsi, lorsqu'un mal quelconque nous affecte, visualisons notre maître à l'endroit où nous avons mal, et pensons que la douleur nous offre un excellent moyen de nous purifier de nos actes nuisibles et de l'ignorance qui se tient à la source de toute souffrance ; prenant alors conscience du nombre infini de ceux qui souffrent comme nous, formons cette prière : « Puisse ma douleur résorber la souffrance de tous ! Qu'ils en soient libérés ! » Ainsi la maladie nous enseigne la compassion.

23 ***Sous la conduite de votre maître, vous irez où vous voudrez, Gens de Tingri : payez-le de toute votre dévotion.***

Notre maître spirituel est comparable à la terre qui jamais ne se dérobera sous nos pieds. Il nous amènera à l'Éveil sans tromper notre espoir. Posé sur les airs, l'avion nous emporte en quelques heures là où nous ne pourrions jamais arriver à pied, même en marchant pendant des mois. Portée par notre dévotion pour lui, la bénédiction de notre maître nous conduira à la réalisation sans tarder.

Dharma est un mot sanskrit qui signifie, entre autres, « ce qui tient », car le Dharma tient fermement celui qui s'offre à lui avec dévotion, et le mène à l'Éveil. Un poing ferme rattrapera depuis la berge celui que le courant a entraîné. Alors, tendons à notre maître l'anneau de notre confiance, et il pourra, à l'aide du crochet de sa compassion, nous arracher au cercle des morts et des renaissances.

Aucun adepte des enseignements du bouddhisme, depuis le Petit Véhicule jusqu'à la Grande Perfection, ne peut se dispenser des conseils d'un maître spirituel authentique. La meilleure façon de progresser en conjurant tout risque de déviation et d'obstacle, c'est de lui accorder toute sa confiance. La traversée pour l'Éveil ne nous coûtera d'autre prix que cette dévotion.

24 *Les riches sont souvent avares, gens de Tingri : Que votre générosité reste impartiale.*

« Le plus riche est le plus avare », dit le proverbe avec justesse. L'avarice nous plongera dans le dénuement et nous fera naître dans le monde des esprits faméliques. Plutôt que d'entasser d'inutiles richesses, rendons-les constructives en soulageant ceux qui se trouvent dans la misère, en érigeant des monastères et des stoûpas, en faisant des offrandes aux Trois Joyaux. Car, en vérité, plus nous serons généreux, plus nous serons prospères. On n'a jamais vu d'homme charitable qui soit pauvre.

Il faut exercer sa générosité en toute impartialité au profit des pauvres, des malades, des vieillards, des voyageurs qui arrivent de loin, sans faire de différence entre l'ami et l'inconnu, entre celui dont on espère un service en échange et celui dont on n'attend rien. Lorsque vous donnez quelque chose, ce devrait être sans ostentation ni favoritisme, et sans espoir de retour.

25 *Le pouvoir est nécessairement source de méfaits, Gens de Tingri : renoncez au désir de pouvoir.*

Pour asseoir leur autorité, les rois et les chefs d'État ont nécessairement recours à un grand nombre d'actes nuisibles. Le maître du royaume est responsable des méfaits commis en son nom et lui seul en recueillera les fruits. Le chef de l'armée assumera lui aussi le karma de chaque mort provoquée par ses hommes.

Le pouvoir n'a, en fin de compte, aucun sens valable s'il est construit sur autant de méfaits. La soif de puissance et d'argent, la recherche d'un rang ou d'une position sociale élevés ne nous attireront que souffrance, ainsi qu'à nos enfants auxquels nous aurons inculqué ce genre de principes. Le seul état dont on ne retombe jamais est l'Éveil.

26 Le riche et le puissant ignorent le bonheur,
Gens de Tingri : comprenez-le bien*[10]*.

Nul n'est plus agité, plus anxieux que celui qui ne pense qu'à l'argent. Comment va-t-il construire sa fortune ? Et à présent qu'il est riche, comment va-t-il la conserver ? Il vit dans l'angoisse des voleurs, des concurrents, des renversements de situation, et le jour où, finalement, tous ses biens lui échappent, il a l'impression d'être entaillé, mutilé, anéanti.

Voyez la fièvre de ceux que les affaires appellent jour et nuit. Ils s'usent le cœur à guetter le succès en redoutant l'échec. Ils doutent de tout le monde, et toujours ils essaient de profiter de leurs inférieurs, de supplanter leurs supérieurs et d'évincer leurs égaux. Ils ne connaissent pas un instant de répit.

Quelle joie simple que de n'avoir aucun pouvoir, aucune place dans la société, rien à perdre et rien à redouter !

Ne vous encombrez pas l'esprit de pensées inutiles. À quoi bon ruminer le passé, anticiper l'avenir ? Restez dans la simplicité de l'instant présent. Vivez en harmonie avec le Dharma. Faites-en le cœur de votre vie. Soyez maîtres de votre destin et pratiquez.

27 *Dans l'autre monde vous n'aurez ni famille ni amis,*
Gens de Tingri : n'ayez confiance que dans le Dharma.

Une écharde nous arrache un cri de douleur, un seau d'eau glacée peut nous faire bondir. Mais ce corps, qui a pour nous une telle importance, sera bientôt un cadavre. Quel autre destin l'attend que d'être brûlé, enterré, dévoré par les chiens ou déchiqueté par les vautours? Parents, enfants, amis, serviteurs, maisons, richesses : rien ni personne ne peut nous accompagner dans l'autre monde. Le vent du karma nous emporte comme une plume, et nous n'avons plus le choix d'aller et de nous arrêter où bon nous semble.

Qui peut alors nous aider? Notre maître, les Trois Joyaux, et le Dharma que nous avons pratiqué de notre vivant. Ne perdons pas confiance : ils ont le pouvoir de nous libérer des tourments et des peurs de l'état intermédiaire qu'il nous faudra traverser entre la mort et la renaissance, ainsi que de nous guider jusqu'aux terres de bouddha.

Le Dharma, qui est infaillible, commence dans la difficulté et se conclut dans la félicité. Il en va tout autrement des choses de ce monde : elles commencent dans la joie et la facilité pour se terminer dans la détresse et la désillusion.

Que d'épreuves, que d'austères pratiques le révérend Milarépa ne dut-il pas endurer ! Ce sont elles, pourtant, qui lui permirent d'atteindre le niveau de Détenteur du Vajra (*Vajradhara*), la félicité non duelle et pure. Il vécut dans les grottes solitaires, mais sa gloire rayonna jusqu'aux confins de la terre. Il dut, lui aussi, passer la porte de la mort, mais il siège maintenant au centre du mandala de la terre de Joie Pure. Quelle différence avec les grands de ce monde ! Quand un chef d'État ou un célèbre milliardaire trépassent, on dit juste qu'ils sont morts. Un point, c'est tout : rien de plus qu'une bougie éteinte, une flaque d'eau évaporée…

En revanche, les qualités issues de la pratique du Dharma constituent le potentiel spirituel de nos vies futures. Le mot *dharma* évoque aussi l'idée d'« amender », de « corriger », car il permet de corriger toute imperfection et de développer toute perfection. Comment, autrement, gagnerait-on la liberté ?

28 Sur les sentiers de la dispersion, vous épuiserez les libertés et les richesses de votre vie humaine,
Gens de Tingri : décidez-vous sur-le-champ à pratiquer.

L'esprit change d'instant en instant; ce en quoi il demeure immuable, c'est son puissant attachement aux choses de ce monde. Tant que nous restons hésitants, soumis à la distraction et donc incapables de maîtrise intérieure, nous risquons de gaspiller nos jours en futilités. Si, aujourd'hui, nous remettons notre pratique à demain, nous ne cesserons plus jamais de le faire.

Inspiré par la foi, le chasseur Gömpo Dorjé dit à Milarépa : « J'ai décidé de pratiquer le Dharma, mais je dois d'abord rentrer chez moi pour prendre congé des miens; je reviendrai aussitôt après. » L'ermite coupa court : « Décide-toi maintenant! Si tu retournes chez toi, ta famille s'ingéniera à te faire changer d'avis et tu ne reviendras pas. Si tu veux pratiquer le Dharma, pratique-le sur-le-champ ! »

Ne tombez donc pas dans ce genre de piège! Rassemblez toute votre énergie et, ne permettant à aucune autre considération de venir faire obstacle, pratiquez!

29 La Mort vous saisira en pleine distraction,
Gens de Tingri : pratiquez dès à présent.

Vous semez vos labours. Vous brassez des affaires. Vous cherchez à vous marier – que sais-je ! Mais à chacun de vos pas votre vie diminue et vous risquez de tomber dans le piège de la mort. Ne vous encombrez pas l'esprit de soucis vulgaires et ne différez plus trop longtemps la pratique du Dharma : si l'envie de pratiquer vous vient le jour, pratiquez le jour ; si elle vous vient la nuit, pratiquez la nuit ! Quels que soient le lieu et l'heure, pratiquez aussitôt !

30 Le démon de la mort n'a pas d'heure,
Gens de Tingri : tenez-vous sur vos gardes.

Irréversible et soudaine comme l'éclair, la mort frappe sans prévenir, dans n'importe quelle circonstance. On est en bonne santé, par exemple, on savoure un repas fin avec des amis, ou alors, on contemple un superbe paysage. Il se peut cependant qu'on soit en train de vivre ses derniers instants.

On laissera là ses proches, et les conversations interrompues, les plats à moitié consommés, les projets inachevés. Combien ne sont-ils pas à mourir avant l'heure, victimes d'un accident, ou tout bonnement assassinés ? Certains meurent d'une chute en montagne, d'autres empoisonnés par un aliment contaminé ou par un médicament, d'autres se blessent en jouant, et d'autres encore meurent à la guerre… La menace de la mort est toujours présente. Soyons constamment sur nos gardes, comme un voyageur qui traverse une contrée infestée de brigands. Le responsable politique menacé d'assassinat ne relâche jamais sa vigilance ; il évite même de dormir deux nuits de suite au même endroit : il est vraiment conscient de l'imminence de la mort. Soyons comme lui à chaque instant. Le soir, endormons-nous en pensant : « N'est-ce pas un cadavre qu'on trouvera peut-être demain matin dans mon lit ? »

31 Le jour de votre mort, personne ne pourra rien pour vous, Gens de Tingri : vous ne devrez alors compter que sur vous-mêmes.

Les amis et les parents qui nous entoureront le jour de notre mort ne pourront guère nous aider et moins encore nous accompagner, ne serait-ce que pour quelques pas, une fois passé le seuil de la mort. Le plus riche magnat ne saurait alors emporter le moindre de ses biens ; le chef de guerre le plus puissant ordonnerait vainement à ses troupes d'arrêter la Mort : il lui obéira, lui aussi, comme tout le monde.

Notre conscience quittera ce corps réduit à l'état de cadavre, pour errer dans le *bardo.* Là, pourvus d'un corps mental et illusoire, nous nous retrouverons seuls dans les ténèbres, nus, perdus, désespérés, et nous ne saurons que faire ni où aller. Les hallucinations terrifiantes qui s'abattent alors sur la plupart des êtres dépassent en horreur toute description possible. Bien qu'il ne s'agisse que de projections mentales, ces visions semblent douées d'une indéniable et puissante réalité.

Nous ne pourrons alors compter que sur nos propres ressources. Notre seule aide, notre seule protection sera le

Dharma que nous aurons pratiqué. Ce Dharma, nous devons l'acquérir maintenant au prix de quelques efforts. Même en temps de paix, les nations ne négligent pas l'éventualité d'une agression étrangère et se tiennent prêtes à y répondre. Nous devrions, nous aussi, rester sur le qui-vive et nous préparer à la mort en pratiquant le Dharma qui est l'éternelle moisson, le viatique des vies à venir, la source de la félicité universelle et le but ultime.

32 Quand on pense à la mort, on n'a plus besoin de rien,
Gens de Tingri : gardez toujours la mort à l'esprit.

Quand la conscience de l'impermanence, de la fragilité de la vie et de la menace de la mort a pris racine dans l'esprit, on n'éprouve plus aucun des besoins vulgaires de l'existence ; on ne souhaite plus rien d'autre que de pratiquer dans un lieu solitaire. Voyez le révérend Milarépa : pour toute pitance il avait des orties et pour tout vêtement un châle de coton, mais il atteignit en une seule vie le niveau de suprême détenteur de l'Éveil (*vidyâdhara*).

En revanche, si nous ne parvenons pas à nous dégager des besoins les plus futiles, nous en voudrons toujours plus que nécessaire. Nous mangeons à notre faim, par exemple, mais il ne nous déplairait pas de manger des plats toujours plus fins ; nous avons de quoi nous vêtir et nous loger, mais nous aimerions tellement avoir des vêtements plus remarquables, une demeure plus vaste, plus confortable. Notre compagnon ou notre compagne sont parfaits, mais comme nous aurions aimé qu'ils soient encore plus beaux... Tout cela prouve bien que nous avons oublié l'imminence de la mort.

Comment aurions-nous à cœur de tirer des plans sur l'avenir si nous ne croyions pas aveuglément que, pour ainsi dire, nous nous éterniserons en ce monde ? Les grands pratiquants du passé se décrivaient comme « des yogis au cœur marqué du sceau de l'impermanence ». La futilité des préoccupations mondaines leur apparaissait dans toute son évidence. Leur esprit était entièrement tourné vers le Dharma ; leur Dharma reposait sur une vie frugale ; leur vie frugale était inspirée par la pensée de la mort qui, ils le savaient, les rejoindrait dans une grotte déserte. Buvons le nectar de la pensée de la mort et notre compréhension sera pareille à la leur.

Ces grands pratiquants sont morts, bien sûr, puisque c'est le sort de tout être, mais à présent ils se trouvent dans les terres célestes, en présence des bouddhas et des bodhisattvas, et non dans les mondes inférieurs où se précipitent tous ceux qui ne s'occupent que des plaisirs de cette vie.

Bref, la pensée de la mort doit être la sentinelle assignée à la discipline de notre pratique, sans jamais lui permettre de se fourvoyer en vaines aventures.

33 Comme l'ombre des montagnes du couchant, le démon de la mort approche toujours plus,
Gens de Tingri : empressez-vous de lui échapper.

Au crépuscule, le soleil descend derrière les cimes du couchant, et l'ombre ne tarde pas à nous rejoindre. Il en est ainsi de l'ombre de la mort lorsque se couche le soleil de la vie, à une différence près toutefois : la mort ne tombe pas à heure fixe, en un lieu précis. Dès l'instant de la naissance, la vie se précipite vers la mort en ignorant tout à fait quand la rencontre aura lieu.

Le criminel traqué ne peut rester tranquille un seul instant; toujours en alerte, il imagine mille façons d'échapper au châtiment qui l'attend. Vous ne le trouverez certainement pas occupé à dessiner les plans de sa future maison. Comment se reposer quand la mort menace à chaque instant? Dès à présent, le seul secours possible est la pratique du Dharma qui fait de la mort une amie.

34 La ravissante fleur du matin ce soir sera flétrie,
Gens de Tingri : ne comptez pas sur votre corps.

Des fleurs multicolores ondulent sous la brise de l'été. Qu'en restera-t-il dans le blizzard de l'hiver, ou même dans une heure, après la grêle? Les forêts se parent d'or en automne et de noir en hiver. Le corps vieillit, lui aussi, et se dégrade de jour en jour. Qu'y pouvons-nous? Il n'est pas d'autre issue. Plus le vieillissement du corps nous obsède, plus s'accroît notre malaise. Nous devrions moins nous inquiéter de notre apparence physique et chercher davantage à ne pas gaspiller notre vie. Pratiquons le Dharma : plus nous nous y consacrerons, plus grande sera notre satisfaction.

35 Vivant, c'est un prince charmant;
Mort, il est plus terrible que les hordes de Mâra,
Gens de Tingri : votre corps illusoire vous trompe.

Aujourd'hui, nous sommes fiers de notre corps et nous le chérissons. Nos parents et nos amis sont tout sourire, ils nous serrent affectueusement la main et nous adressent des paroles chaleureuses. Mais le jour où nous serons morts, notre chère famille n'aura qu'une hâte : se débarrasser de nos restes. Qui voudrait garder un cadavre chez soi ? Au Tibet, par exemple, on nous saucissonnerait, on nous enfermerait dans un grand sac et on nous transporterait au cimetière pour être dépecés par les hommes et déchirés par les vautours.

Nous ne savons pas faire bon usage de notre corps. Un artisan qui emprunte des outils s'efforcera d'en tirer le meilleur parti tant qu'il en dispose. Je me demande pourquoi nous ne pratiquerions pas le temps de ces quelques instants où nous avons emprunté notre corps à la mort.

36 Leurs affaires réglées, les visiteurs du marché se dispersent à l'approche du soir.
De même, gens de Tingri, vos amis vous quitteront sans l'ombre d'un doute.

Une fête est un joyeux événement : on est entre amis, on rit, on danse, on discute et on savoure les meilleures choses. Mais toutes les fêtes ont une fin et bientôt les invités rentrent chez eux. La place du marché, qui a grouillé de monde toute la journée, est déserte le soir. Heureuses les familles réunies, dont tous les membres cependant franchiront seuls, l'un après l'autre, le seuil de la mort.

37 L'épouvantail de magie finira par s'écrouler,
Gens de Tingri : dès à présent, agencez judicieusement les liens d'interdépendance.

Les épouvantails que les paysans postent dans leurs champs pour éloigner les oiseaux et les bêtes sauvages ne durent qu'une saison. Pluie et vent ont tôt fait de les démantibuler. De même, l'association éphémère de notre corps et de notre esprit, qui n'est que l'effet de la rencontre fortuite de diverses causes et conditions, se défera tôt ou tard.

À l'approche de leur dissolution finale, le corps et l'esprit sont la proie de la maladie et de la vieillesse : torturé par l'épuisement et les soucis, nul n'a alors le loisir ni les facultés de pratiquer – aussi vif que soit son regret de ne pas avoir pratiqué plus tôt. C'est précisément à l'instant, juste maintenant, quand toutes les conditions favorables sont réunies, que nous devons rassembler notre énergie et pratiquer. N'est-ce pas le jour du marché que les commerçants déballent leurs marchandises ?

Le seul survol du Dharma ne nous apportera ni connaissance ni sagesse. Si nous reportons sans cesse l'étude, la réflexion et la méditation, nos facultés intellectuelles et physiques ne pourront plus suivre, car elles ne font que diminuer. Le maître qui nous guidait changera de monde et nous aurons manqué notre chance.

La plupart des êtres obéissent à des tendances négatives qui résultent de leurs actes passés. Les tendances positives qui mènent au Dharma sont l'apanage des rares individus qui se sont employés aux actes positifs. Dès que la situation est favorable à la pratique du Dharma, il faut travailler dur comme les paysans qui, à l'époque de la moisson, sont debout à l'aube et peinent jusqu'au crépuscule, parce qu'ils savent parfaitement que le moindre retard serait fatal.

Que d'efforts les êtres ordinaires ne déploient-ils pas pour arriver à leurs fins ! « Ils se coiffent d'étoiles et se chaussent de givre », dit l'expression populaire : tard dans la nuit, ils sont encore dans les champs et ils reprennent le travail au petit jour. Ne devrait-on pas déployer dix mille fois plus d'énergie pour atteindre le but, combien plus important, de l'Éveil ?

38 L'aigle de votre esprit finira par s'envoler,
Gens de Tingri : dès à présent, prenez de l'altitude.

Comme l'aigle repu abandonne une carcasse et s'envole au loin, le temps venu, notre esprit, repu de cette vie, se détachera de notre cadavre et s'envolera dans l'état intermédiaire du *bardo*. Pour voler dans le ciel, au-delà du samsâra et du nirvâna, il faudra recourir aux ailes de la vacuité et de la compassion. Dès à présent, exerçons-nous à voler avec ces ailes en ne craignant plus le ciel de la vie à venir.

39 Les êtres des six mondes sont vos parents bienveillants,
Gens de Tingri : n'ayez pour eux qu'amour et compassion.

Le nombre des êtres est illimité comme l'espace, mais cette infinité échappant à la raison, nous préférons nous cantonner aux connaissances que nous avons pu nous faire : dans la vallée, nous avons quelques amis que nous aimons, quelques ennemis que nous haïssons, et tous les autres, nous les ignorons. Cette perception des gens, distordue et limitée, ne cesse de produire de l'attachement et de l'agressivité. Et ce faisant, on accumule du karma, la force de perpétuation du samsâra.

Si nous étions moins aveugles et pouvions d'un coup d'œil embrasser l'interminable suite de nos vies, nous verrions bien qu'il n'y a pas un seul être en ce monde qui n'ait été notre père et notre mère – pas seulement une fois, mais à maintes reprises. Voilà pourquoi nous devrions imiter les êtres réalisés en cultivant l'amour et la compassion à l'endroit de chaque être animé. Mais nous devrions avant tout aspirer du plus profond de nous-mêmes à établir ces êtres, nos mères chéries, dans la bouddhéité, sans en négliger un seul. Le mérite issu d'un tel vœu est à la mesure du nombre d'êtres qu'il concerne.

Or, tout cela ne repose que sur la bonté, comme le Bouddha le rappelle au roi Prasenajit :

« Ô grand roi, vos œuvres sont vastes et multiples. Que vous soyez assis, debout, à table ou en train de vous reposer, puissent vos actes, vos lois, vos jugements et toutes vos activités être inspirés par la bonté. Vous apporterez ainsi à vos sujets des bienfaits immenses et en recueillerez vous-même d'infinis mérites. »

Qu'entend-on par « bonté » ? Qui sert ses parents avec tendresse et dévouement fait bien sûr preuve de bonté. Mais nos parents ne sont que deux individus entre tous les êtres dont le nombre est proprement illimité : avoir du cœur, c'est voir *tous* les êtres – non seulement ses amis, mais aussi ses ennemis et les inconnus – comme ses propres parents, et lutter contre toute haine, tout égoïsme et toute indifférence à leur égard.

Imaginons celui ou celle qui nous inspire de l'animosité sous l'aspect de l'être qui nous est le plus cher. Et si nous éprouvons de l'attachement égoïste pour un proche, considérons-le comme une rencontre faite en rêve, comme une illusion magique dénuée de réalité.

Le don vraiment généreux doit se traduire par le bien effectif d'autrui. Mais qu'est-ce que le « bien d'autrui » ? Donner de la nourriture, des vêtements, des maisons ou de l'affection, voilà sans conteste des marques de bonté, mais de bonté limitée. Il faut aider les êtres de façon bien plus vaste et cela, seul le Dharma le permet.

Quand on prononce les noms des bouddhas et des bodhisattvas au-dessus d'une fourmilière, par exemple, on permet à des milliers de fourmis de ne plus renaître dans les mondes inférieurs du samsâra. N'est-ce pas là vraiment les aider ? Nous devrions être constamment portés par l'impulsion de faire le bien des autres, entièrement imprégnés d'amour et de compassion pour eux, et en nous l'esprit d'Éveil trouverait à s'épanouir.

On ne peut pas juger un acte sur sa seule apparence. Sa valeur dépend de l'état d'esprit d'où il procède et qui l'accompagne. Certains actes d'altruisme spectaculaires sont accomplis pour des motifs égoïstes – pour la reconnaissance, par exemple, ou pour une bonne rétribution karmique – qui les dénaturent. Bref, gardons à l'esprit que la vraie voie du Grand Véhicule consiste à pratiquer l'amour et la compassion dans l'optique d'amener tous les êtres à la libération.

L'esprit d'Éveil a deux aspects : absolu et relatif. L'esprit d'Éveil absolu n'est autre que la réalisation de la vacuité ; inaccessible aux novices, il mûrit lentement avec le temps. L'esprit d'Éveil relatif consiste à engendrer la pensée de l'amour et de la compassion, et à la mettre en pratique. L'exercice sincère et persévérant de l'esprit d'Éveil relatif transforme peu à peu l'esprit jusqu'à la réalisation de l'esprit d'Éveil absolu.

Fort de la réalisation de la vacuité, l'être éveillé n'a plus de pensées ordinaires. Il ne se dit pas : « Cet être qui m'implore, je dois l'aider », ou encore : « Celui-là ne m'a pas imploré ». Sa compassion et la vacuité dont elle jaillit sont omniprésentes et universelles. Cette compassion ignore la partialité, l'attachement et la répulsion. On la compare au soleil qui se reflète dans l'eau, limpide ou trouble, des mares, des étangs et des lacs. La grande compassion est le rayonnement naturel de la vacuité : elle est libre d'effort, de concepts et de représentations.

L'activité du Bouddha pour le bien des êtres se trouve de ce fait illimitée. Essayons de comprendre que, par exemple, le souffle rafraîchissant de la brise sur le front brûlant du malade est la compassion même du Bouddha.

40 Haïr ses ennemis, c'est bien une hallucination karmique du samsâra,
Gens de Tingri : renoncez à la haine et à l'agressivité.

Les souffrances qu'on nous inflige, sans raison apparente, ce que les Chinois font subir aux Tibétains, par exemple, résultent simplement de souffrances analogues que nous avons nous-mêmes infligées à d'autres lors d'une vie précédente. En répondant à la violence par la violence, on crée toujours plus de souffrance.

S'il arrivait qu'on vous vole tout ce que vous possédez, ne vous troublez pas, ne vous mettez pas en colère, ne regrettez rien : au mépris de toute vengeance, pensez plutôt que vous offrez avec joie au voleur tout ce qu'il vous a pris et priez pour que votre mansuétude contribue à la purification de vos fautes. L'amour est la seule réponse à la haine.

Kshântivâdin, « Adepte de Patience », vivait en ermite dans une forêt où, un beau jour, le roi, accompagné de ses épouses et de la cour, vint à se promener. Fatigué par la marche, Sa Majesté s'assoupit dans la fraîcheur des sous-bois, tandis que ses épouses continuaient leur promenade. Bientôt, elles se retrouvèrent dans la clairière où Kshântivâdin aimait s'asseoir pour méditer. Fascinées par la beauté sereine qui émanait de lui, elles s'assirent en cercle à ses pieds et lui demandèrent un enseignement.

En se réveillant, le roi ne vit personne à ses côtés. Il se leva en râlant et, furieux, partit à la recherche des reines. Quand il les trouva humblement assises aux pieds de l'ermite, sa colère redoubla.

– Qui es-tu ? lança-t-il au sage.

– On m'appelle Adepte de Patience.

– Ah, ah ! fit le roi. On t'appelle Adepte de Patience ! Fort bien ! Voyons un peu ce qu'il en est de ta patience !

Le roi tira son sabre et, d'un air terrible, menaça l'ermite :

– Si je te coupe un bras, resteras-tu patient ?

– Je le resterai, répondit calmement le sage.

À peine eut-il parlé que le roi, d'un revers de sa lame acérée, lui trancha le bras droit. Il lui posa ensuite la même question, obtint la même réponse et lui trancha le bras gauche.

– Es-tu toujours patient ? demanda-t-il enfin. Le seras-tu encore si je te coupe la tête ?

– Je le serai, fit le sage qui savait que rien ne pourrait arrêter la fureur du roi.

Au comble de la rage, celui-ci fit voler la tête de Kshântivâdin d'un seul coup de lame. Mais au lieu de sang, ce fut du lait qui gicla des artères tranchées, et de la bouche du sage dont la tête était posée dans l'herbe un peu plus loin, ces mots parvinrent aux oreilles du roi :

– S'il est bien vrai que je n'ai pas ressenti la moindre colère à ton égard, mais seulement de l'amour et de la compassion, puissé-je devenir bouddha dans une vie future, et puissiez-vous, toi, le roi, ainsi que tes cinq cents épouses, être mes premiers disciples !

Comprenant soudain qu'il avait tué un saint, le roi tomba à terre, où il resta cloué de désespoir.

Par la suite, l'ermite devint le bouddha Shâkyamuni, et le roi et sa cour, les cinq cents êtres célestes qui assistèrent à son premier sermon.

41 Prosternations et circumambulations dissolvent les actes nuisibles du corps,
Gens de Tingri : abandonnez toutes les activités profanes.

Travaillez du matin au soir comme un forcené, voyagez dans le monde entier, labourez vos champs, construisez des maisons : dans le meilleur des cas, vous serez récompensés de vos efforts par le confort, l'argent et d'autres plaisirs éphémères. Mais rien de tout cela ne vous apportera le bonheur qui dure vraiment ni ne vous aidera à progresser sur le chemin de l'Éveil, en cette vie et dans toutes les vies à venir.

Associez plutôt chacune de vos activités physiques au Dharma, et le moindre de vos gestes – une simple prosternation, la circumambulation d'un temple – prendra un sens profond. Le Bouddha déclare qu'une seule prosternation exécutée avec dévotion permet de renaître comme un monarque universel autant de fois qu'il y a de grains de poussière en dessous de celui qui se prosterne, depuis la surface de la terre jusqu'à la grande fondation d'or[11], et que les mérites ainsi accumulés ne seront toujours pas épuisés après toutes ces glorieuses renaissances.

42 Les récitations et la formule du refuge dissolvent les voiles de la parole,
Gens de Tingri : renoncez aux communs bavardages.

« La bouche est une boîte à malice, dit le proverbe : la porte de toutes les fautes et de tous les méfaits. » On peut quotidiennement constater que, de la bouche des êtres soumis à leurs émotions, il ne sort que bavardages, mensonges, calomnies et méchancetés. Quand on a fini de médire, on ne raconte que mésaventures, guerres et impuretés qui ne font qu'attiser les passions.

En revanche, une brève prière, les syllabes d'un mantra, le nom des Trois Joyaux ou la formule du refuge : *Namo Buddhâya, namo Dharmâya, namah Sanghâya,* voilà qui peut épargner de grandes souffrances et accomplir de grands bienfaits. Quiconque entend le nom d'un bouddha, de Gourou Padmasambhava, par exemple, ou le son d'un mantra sera libéré des trois grandes peurs : la peur de l'adepte du Petit Véhicule, qui s'alarme à l'idée de tomber dans les mondes inférieurs du samsâra ; la peur de l'adepte du Grand Véhicule, qui craint de céder à l'égoïsme ; et la peur de l'adepte du Véhicule Adamantin, qui redoute l'attachement à la réalité des phénomènes.

Moins que tout autre, le pratiquant du Dharma ne doit jamais se livrer aux bavardages inutiles : il aura toujours une prière sur les lèvres, à moins qu'il ne lise à voix haute les écritures saintes où sont exposées les vérités absolue et relative.

43 La dévotion sincère dissout les habitudes mentales,
Gens de Tingri : visualisez votre maître au-dessus de votre tête.

Celui que l'argent et les biens matériels obsèdent ne fait que se préparer à renaître chez les esprits torturés par la faim et la soif. Celui que sa famille et ses bien-aimés obsèdent ne fait qu'ajouter aux affres de la séparation et de la mort.

La dévotion constante engendre au contraire une sérénité et une satisfaction durables. La seule mention du nom de notre maître spirituel suffit à transformer le champ de nos perceptions, et le visualiser un bref instant au-dessus de notre tête dissipe tous les voiles de l'illusion : pareille dévotion est comparable à l'anneau où s'ajustera le crochet de compassion qui permettra au maître de nous extraire du samsâra.

La réalisation de l'Éveil, qui est inhérent à l'esprit et pourtant si difficile à dévoiler, naîtra de la dévotion fervente et de la fusion de notre esprit et de celui du maître. En vérité, méditer sur son maître bienveillant dépasse en profondeur toute autre pratique spirituelle.

44 Vous quitterez la chair et les os que la naissance vous a donnés,
Gens de Tingri : ne croyez pas que vous vivrez à jamais.

Nous sommes constitués de chair et d'os qui finiront par être dispersés, enterrés, incinérés, jetés à l'eau, donnés aux vautours, ou encore abandonnés à la décomposition. À quoi bon, dans ce cas, un tel attachement au corps? Le corps peut toutefois devenir un outil très précieux quand on l'utilise pour pratiquer le Dharma. N'attendons pas qu'il se décompose et profitons-en pour avancer le plus loin possible sur la voie. Évitons à tout prix de l'épuiser dans des futilités ou, ce qui est bien pire, dans toutes sortes d'actes nuisibles.

45 ***Emparez-vous de la plus sainte des contrées, gens de Tingri,***
L'éternelle terre de la simplicité primordiale, car elle est immuable.

On achète un terrain, on le défriche, on construit une maison et on cultive ses terres : voilà, pense-t-on, une source de bonheur et de satisfaction durables. Mais c'est faux.

La seule terre dont nous ayons réellement besoin est la citadelle de la simplicité primordiale, la nature ultime et immuable de toutes choses. Cette citadelle, nous la prendrons par la méditation solitaire, en franchissant les différentes étapes de la voie qui culmine dans la Grande Perfection. Nous pourrons alors y demeurer pendant cette vie, après la mort et dans nos vies à venir. Soyons prêts à mille actes de bravoure pour en devenir maîtres.

46 ***Jouissez de la plus sainte des richesses, gens de Tingri,***
Le trésor de la nature de l'esprit, car il est inépuisable.

Qui, parmi ceux qui accumulent d'immenses fortunes et des biens sans nombre, les garde à jamais ? Il existe cependant des trésors qui se renflouent à mesure qu'on les prodigue : la sagesse, la compassion, la foi, la générosité, le courage. Ces joyaux abondent dans la nature même de l'esprit et ne présentent aucun des défauts ni aucune des faiblesses du samsâra.

47 ***Délectez-vous de la plus sainte des nourritures, gens de Tingri,***
La suprême saveur du recueillement profond, car elle efface les souffrances de la faim.

Tout ce que nous mangeons d'insipide ou d'exquis, en petite ou en grande quantité, se transformera en excréments.

Le révérend Milarépa et nombre d'autres grands yogis vécurent pendant des mois sans nourriture, et pourtant ils ne souffraient pas de la faim. Ils se sustentaient de leur contemplation, le *samâdhi*.

En nous nourrissant de calme mental et de vue pénétrante, nous savourerons la sérénité dans cette vie et dans nos vies futures, nous échapperons à la famine de l'ignorance et serons naturellement enclins à la méditation.

48 *Buvez la plus sainte des boissons, gens de Tingri,*
L'ambroisie de l'attention dont les flots jamais ne s'interrompent.

À la différence d'une boisson ordinaire, l'ambroisie de l'attention, disponible à tout instant et en tout lieu, étanche la soif de façon durable. « Si vous devez boire, disait Milarépa, buvez le thé de l'attention et de la vigilance. »

Si nous voulons éliminer progressivement tous nos défauts et développer nos qualités, que ce soit en marchant, en étant assis, en mangeant ou en nous reposant, il nous faudra rester constamment attentifs à notre état d'esprit et conscients de la valeur de nos actes ainsi que des conséquences qu'ils peuvent entraîner.

Cette pratique nous permettra d'affronter la mort avec confiance. Lorsque nous serons confrontés aux terrifiantes visions du bardo, nous penserons instantanément à notre maître et aux Trois Joyaux, et par là même serons affranchis de la peur. Notre vigilance se poursuivra pendant tout le processus de la mort et de la renaissance et, obéissant aux lois inéluctables de la causalité, nous continuerons de progresser sur la voie.

Nous devons être vigilants dans tous nos actes et dans toutes nos pratiques en leur appliquant trois points essentiels : préparer l'acte en formant le vœu qu'il contribue au bien de tous les êtres; l'exécuter avec une concentration parfaite, libres d'attachement aux concepts de sujet, d'objet et d'action; et en dédier les mérites à l'Éveil de tous.

Le soir venu, il est bon d'examiner les actes et les pensées de la journée. Il faut confesser ses fautes, ses actes irréfléchis, les réparer et se dire qu'on ne peut plus se comporter de la sorte après avoir rencontré un maître authentique et reçu ses instructions. Quant aux actes positifs, on en dédiera les mérites à tous les êtres en formant le vœu d'agir toujours plus positivement.

49 Fréquentez la plus sainte des amies, gens de Tingri,
La sagesse de la conscience éveillée, et vous ne vous séparerez plus jamais.

Tôt ou tard, nous devrons nous séparer de nos amis les plus chers. Nous avons pourtant tous une amie qui ne nous quitte jamais, même si la plupart d'entre nous ignorent son existence : la nature de bouddha. Nous commencerons par l'approcher en écoutant les enseignements d'un maître; puis nous forgerons avec elle des liens de plus en plus profonds en cultivant le calme mental et la vue pénétrante; enfin, nous découvrirons qu'elle est depuis toujours auprès de nous et y restera toujours. Voilà une amitié véritable qui mérite d'être cultivée.

50 ***Cherchez le plus saint des fils, gens de Tingri,***
Le petit garçon de la conscience éveillée, car il dépasse la naissance et la mort.

Un enfant naît dans une famille. Ses parents sont fous de joie : leur foyer s'agrandit, leur descendance est assurée et, plus tard, ils auront quelqu'un pour s'occuper d'eux et de leurs biens. En fait, si l'on y pense bien, les parents ont acquis leur fortune au prix d'innombrables actes négatifs et leurs enfants continueront de gérer leur patrimoine de la même façon. En vertu des lois du karma, ils se font réciproquement du mal. Les parents nuisent à leurs enfants, car ils les incitent à faire fructifier ces biens entachés de négativité, et les enfants nuisent à leurs parents en perpétuant cette négativité.

Par ailleurs, le puissant attachement que les parents éprouvent pour leurs enfants leur apporte souvent plus de tourments que de joie. Quelle ne sera leur détresse si, par exemple, leur enfant les précède dans la mort?

Ne vaut-il pas mieux alors se mettre à la recherche de notre sublime enfant perdu, la conscience éveillée? Aveuglés par la confusion, nous avons perdu sa trace. Dès que, en pleine lucidité, nous l'aurons retrouvé, il restera définitivement à nos côtés; la mort elle-même ne pourra nous l'arracher. C'est lui qui nous mènera à la citadelle de la nature de l'esprit, l'union de la conscience éveillée et de la vacuité.

51 ***Que dans la vacuité tournoie la lance de la conscience éveillée,***
Gens de Tingri : rien ne peut entraver la vue.

La réalisation de la vue doit être vaste et élevée comme le ciel. Quand la conscience éveillée se manifeste au sein de la vacuité de l'esprit, les émotions ne sont plus des obscurcissements mais des ornements.

L'inaltérable réalisation de cette vue, qui n'a pas de naissance, de durée ni de fin, s'accompagne d'une conscience éveillée qui observe le mouvement des pensées comme un vieil homme paisible regarde jouer les enfants. Les pensées confuses ne peuvent affecter la conscience éveillée, pas plus qu'un sabre ne peut entamer le ciel.

La pratiquante Peldarboum dit à Milarépa :
Mon esprit médita sur l'océan
Et en fut bien aise;
Mon esprit médita sur les vagues
Et en fut troublé.
Apprends-moi à méditer sur les vagues !

Le grand yogi répondit :
Les vagues sont le mouvement de l'océan,
Laisse-les fondre dans l'océan sans vagues.

Les pensées sont le jeu de la conscience éveillée. Elles s'en élèvent et s'y dissolvent. Si nous reconnaissons que la conscience éveillée se trouve à la source même des pensées, nous nous rendrons compte que ces pensées n'ont jamais commencé, continué ni cessé d'exister. Elles seront alors incapables de nous troubler.

Tant que nous poursuivons nos pensées, nous faisons comme le chien qui court après chaque pierre qu'on lui jette. Mais si nous regardons plutôt la conscience éveillée qui se trouve à leur source, chaque pensée surgira de la conscience éveillée et s'y dissoudra sans entraîner d'autres pensées. En procédant de la sorte, on fait comme le lion qui ne poursuit pas la pierre qu'on lui jette mais se retourne vers celui qui l'a jetée : à un lion, on ne peut lancer qu'une seule pierre.

C'est pour conquérir la citadelle jamais née de la nature de l'esprit qu'il nous faut rejoindre la source et trouver l'origine des pensées. Sinon, une pensée en entraînera une autre, puis une troisième et ainsi de suite. Le passé nous envahira de souvenirs, nous anticiperons l'avenir et perdrons la conscience éveillée de l'instant présent.

On raconte l'histoire d'un pratiquant qui était en train de distribuer aux pigeons le riz qu'il avait offert sur son autel, lorsque, soudain, il se rappela combien il avait d'ennemis avant de se consacrer au Dharma. Il lui vint alors une pensée funeste : « Si j'avais eu autant de soldats que de pigeons à ma porte, j'aurais écrasé mes adversaires sans la moindre difficulté. » Cette pensée prit alors une telle ampleur que, incapable de contrôler sa rancœur, il quitta son ermitage, leva une bande de mercenaires et fit la guerre à ses anciens ennemis, commettant ainsi d'incalculables méfaits : là encore, tout n'avait commencé que par une simple pensée.

Si, au lieu de réifier les pensées, on en reconnaît la vacuité, chaque pensée qui surgit dans l'esprit et y disparaît rend plus claire encore la réalisation de la vacuité.

52 Dans l'indéfectible jeu de l'action spontanée,
Gens de Tingri, il n'est rien à adopter, rien à rejeter.

Préservons l'état de simplicité. Si nous rencontrons le bonheur, le succès, l'abondance et d'autres conditions favorables, considérons-les comme des rêves, des illusions. Ne nous y attachons pas. Si nous sommes frappés par la maladie, la calomnie, le dénuement ou d'autres épreuves physiques et morales, gardons-nous du découragement, ravivons notre compassion et souhaitons que les souffrances de tous les êtres s'épuisent par le biais des nôtres. Restons libres, quelles que soient les circonstances, et jouissons d'une impassible sérénité sans plus succomber à l'exaltation ou, au contraire, au désespoir.

53 Dans l'absence de constructions mentales, montez la garde sans la moindre distraction,
Gens de Tingri, et votre méditation sera libre de torpeur et d'agitation.

Quand, libre du passé et du futur, l'esprit reste dans un état d'éveil limpide, sans être attiré par les objets extérieurs ni occupé par les constructions mentales, il a rejoint la simplicité primordiale. Dans cet état, la main de fer d'une vigilance forcée n'est plus tenue d'immobiliser les pensées. Les maîtres enseignent en effet que « la bouddhéité, c'est la simplicité naturelle de l'esprit ».

Quand nous aurons reconnu cette simplicité, maintenons-la à l'aide d'une présence d'esprit dénuée d'effort. Nous jouirons alors d'une telle liberté intérieure qu'il sera inutile de bloquer les pensées ou de craindre qu'elles n'entament la méditation.

54 Les quatre corps indivisibles se trouvent au complet dans votre esprit,
Gens de Tingri : n'ayez ni espoir ni doute quant au fruit.

L'état de bouddha peut sembler un but lointain, quasiment hors de toute atteinte. La vacuité naturelle de notre esprit n'en est pas moins le corps absolu du Bouddha ; son expression lumineuse, son corps de parfaite jouissance ; et la compassion universelle qui en émane, son corps de manifestation – ou d'apparition : l'unité essentielle de ces trois corps constitue son corps essentiel. Ces quatre corps de bouddha se trouvent en nous depuis toujours : ce qu'ignorant, nous les envisageons comme un but à atteindre ailleurs qu'en nous-mêmes.

« Ma méditation est-elle correcte ? Quand vais-je enfin progresser ? Jamais je n'atteindrai le niveau de mon maître spirituel » : à jamais écartelé entre l'espoir et le doute, on ne peut qu'ignorer la paix.

Il y en a qui pratiquent selon l'humeur du jour, intensément parfois et le lendemain pas du tout. Ils s'attachent aux expériences agréables qui surviennent au sein du calme mental mais, lorsqu'ils n'arrivent pas à ralentir le flot de leurs pensées, ils se désintéressent de la méditation. Ce n'est pas ainsi qu'il convient de pratiquer.

Quel que soit l'état de notre esprit, nous devons nous astreindre à une pratique régulière, chaque jour, en observant le mouvement de nos pensées et en remontant à leur source. Il ne faut surtout pas croire que, sur-le-champ, on restera jour et nuit en pleine concentration.

Quand on débute dans la méditation sur la nature de l'esprit, il est préférable de procéder par courtes séances, mais plusieurs fois par jour. En persévérant, on réalise progressivement la nature de l'esprit et cette réalisation ne cesse de se stabiliser. Les pensées n'ont alors plus la force de troubler ou d'assujettir qui que ce soit.

55 ***Samsâra et nirvâna prennent racine dans votre esprit,***
Gens de Tingri, et votre esprit n'a aucune réalité.

C'est notre propre esprit qui nous égare dans le cycle des existences. Aveugles à sa nature véritable, nous nous fixons sur les pensées, qui ne sont autres que ses manifestations. La conscience éveillée se fige alors en concepts solides, tels que « moi », « autrui », « attirant », « repoussant », et bien d'autres. C'est ainsi que nous fabriquons le samsâra.

La pratique des instructions du maître fait fondre la glace de ces fixations, et la conscience éveillée retrouve sa fluidité naturelle. Quand on abat un arbre à sa base, le tronc, les branches et les feuilles tombent d'un seul coup. De même, si nous tranchons les pensées à leur source, la confusion du samsâra prendra fin.

Les phénomènes du samsâra et du nirvâna ressemblent à l'arc-en-ciel : bien qu'apparents, ils restent intangibles. Dès que l'on a reconnu la nature à la fois vide et apparente des phénomènes, l'esprit échappe à l'emprise de l'égarement. Reconnaître la nature ultime de l'esprit, c'est réaliser l'état de bouddha ; ne pas la reconnaître, c'est sombrer dans l'ignorance. Dans tous les cas, c'est notre esprit, et lui seul, qui nous enchaîne ou nous libère.

Cela ne veut pas dire que l'esprit se laisse travailler, par exemple, comme la glaise que le potier modèle en formes belles ou laides. Lorsque le maître montre au disciple la nature de son esprit, il ne pointe pas le doigt vers un objet concret ; lorsque le disciple qui cherche cette nature finit par la trouver, il ne pose pas la main sur une entité saisissable. Reconnaître la nature de l'esprit, c'est reconnaître sa vacuité. Voilà tout. Il s'agit d'une réalisation dont il faut soi-même faire l'expérience immédiate, car les mots sont insuffisants pour la cerner.

Qui espère que la réalisation s'accompagnera de seconde vue, de pouvoirs miraculeux et d'autres expériences extraordinaires se leurre lui-même. Mieux vaut chercher à reconnaître la nature proprement intangible de l'esprit !

56 Le désir et la haine ne laissant pas de traces, comme les oiseaux dans le ciel,
Gens de Tingri, ne vous attachez à aucune expérience.

En général, nous sommes fortement attachés à notre famille, à nos biens et à notre position sociale, et ceux qui nous font du mal nous inspirent une vive aversion. Détournons notre regard des objets extérieurs et examinons l'esprit qui s'attache à ces objets ou les abhorre. Nous constatons alors que le désir et la colère n'ont pas de forme ni de couleur, pas de réalité matérielle ni de localisation. Pourquoi donc tombons-nous si facilement au pouvoir de nos pensées ? Parce que nous ne savons pas les libérer.

Laissons-les surgir et se dissoudre d'elles-mêmes : elles traverseront notre esprit comme les oiseaux le ciel, sans y laisser la moindre trace. Cette méthode vaut non seulement pour l'attachement et la colère, mais aussi pour les expériences particulières à la méditation, à savoir la félicité, la clarté et l'absence de pensées. Ces expériences résultent de la persévérance dans la pratique et expriment le pouvoir créatif de l'esprit, de la même manière que l'arc-en-ciel apparaît lorsque les rayons du soleil frappent un rideau de pluie. Mais il est aussi vain de s'attacher à ces expériences que de courir après l'arc-en-ciel pour s'en faire un manteau. Il suffit de laisser les pensées se présenter et se dissoudre d'elles-mêmes sans chercher à s'en emparer.

57 ***Le corps absolu sans naissance est comparable au soleil,***
Gens de Tingri, dont l'éclat ne croît ni ne décroît.

La vacuité, la nature ultime du corps absolu, n'est pas un simple néant. Elle déborde de la puissance de connaître toutes choses. Cette faculté est l'aspect lumineux, ou connaissant, du corps absolu, dont l'expression est spontanée. Le corps absolu n'est pas le produit de causes et de conditions, mais l'essence originaire de l'esprit.

Lorsqu'on reconnaît cette nature primordiale, on dirait le lever du soleil de la connaissance au terme de la nuit de l'ignorance : les ténèbres se dissipent instantanément. La clarté du corps absolu n'est pas tantôt croissante, tantôt décroissante, comme celle de la lune ; elle évoque plutôt l'immuable lumière du soleil.

58 ***La pensée va et vient comme un voleur dans une maison vide,***
Gens de Tingri : nul n'y perd et nul n'y gagne.

Convaincus de la réalité du moi et des pensées, nous construisons notre karma, bon ou mauvais. En prenant conscience, au contraire, que les pensées ne sont jamais réellement nées et par conséquent ne peuvent exister ni cesser, on les rend inoffensives. Telle pensée se présente comme un voleur dans une maison vide, où le voleur n'a rien à gagner et le propriétaire, rien à perdre. Les pensées libérées dès leur émergence n'ont aucun impact et n'entraînent pas d'effet karmique. Il n'y a alors rien à craindre des pensées négatives, et rien à espérer des pensées positives.

59 ***Les sensations s'évanouissent comme dessins sur l'eau,***
Gens de Tingri : ces hallucinations ne méritent pas qu'on les poursuive.

Nous sommes naturellement attachés au plaisir et au confort, tandis que les épreuves et les souffrances physiques et morales nous dérangent profondément. Ces tendances innées nous conduisent à rechercher, cultiver et augmenter tout ce qui nous procure du plaisir – vêtements confortables, mets fins, lieux plaisants, jouissance physique –, et à éviter ou détruire tout ce qui nous contrarie.

Sans cesse changeantes et dépourvues d'essence, les sensations reposent sur l'association éphémère du corps et de l'esprit, et il est tout à fait vain de s'y attacher. Plutôt que de nous laisser entraîner et piéger par nos sensations, laissons-les disparaître à mesure qu'elles se forment, comme des lettres tracées du doigt sur l'eau.

60 ***Le désir et la haine ressemblent aux arcs-en-ciel,***
Gens de Tingri : vous n'y trouverez rien à quoi vous raccrocher.

Parfois, l'attachement et la haine nous obsèdent au point que nous serions prêts à sacrifier notre vie pour les assouvir. Ce que les guerres illustrent parfaitement. Nos pensées nous semblent vraiment concrètes et d'autant plus contraignantes, mais si nous les examinons bien, elles n'ont pas plus de consistance qu'un arc-en-ciel. Il est donc insensé de passer son temps à essayer de satisfaire ses impulsions. Ceux qui n'ont soif que de gloire, de pouvoir, d'héroïsme, de plaisirs et de richesses sont aussi naïfs que l'enfant qui cherche à attraper un arc-en-ciel.

En termes pratiques, quand le désir ou la colère nous enflamment, regardons-les bien et reconnaissons leur vacuité fondamentale : alors, ce qui n'est que pensée se dissoudra de soi-même. Faisons de même avec l'état suivant de notre esprit et avec tous les autres : ainsi leur tyrannie finira par se dissiper.

61 Lorsque ses mouvements se dissolvent comme nuages dans le ciel,
Gens de Tingri, l'esprit n'obéit plus à quelque but que ce soit.

Les nuages qui bourgeonnent dans l'atmosphère ne corrompent en rien la nature du ciel, et lorsqu'ils se dispersent, elle n'en redevient pas meilleure ; l'espace ne rétrécit ni ne grandit : il reste immuable. De même en est-il pour l'essence de l'esprit : les pensées qui se déploient dans l'espace de cette essence ne l'altèrent en rien et ne l'améliorent pas en s'y réabsorbant.

La nature de l'esprit est vacuité et son expression, clarté. Ces deux aspects sont essentiellement un. Ce sont de simples images évoquant les diverses modalités de l'esprit. Il serait vain de s'attacher successivement à la notion de vacuité, puis à celle de clarté, comme à des entités indépendantes. La nature ultime de l'esprit se situe au-delà de tout concept, de toute définition et de toute fragmentation.

L'enfant pense qu'il pourrait marcher sur les nuages. Mais s'il atteignait les nuages, il ne saurait où poser le pied. Les pensées présentent elles aussi une certaine consistance, mais dès qu'on les examine, on ne trouve rien. Voilà ce qu'on appelle « vide et apparent ».

62 La libération spontanée, dénuée de fixations, ressemble à la brise, Gens de Tingri : elle ne s'attache à aucun objet.

Le vent parcourt l'espace en survolant les continents sans jamais s'y attacher. Il traverse le ciel sans y laisser de traces. Les pensées devraient nous traverser l'esprit de la même façon, sans y laisser d'empreintes karmiques ni altérer la réalisation de la simplicité fondamentale.

63 À l'instar de l'arc-en-ciel, la conscience éveillée manque de réalité grossière,
Gens de Tingri : les expériences spirituelles n'achoppent sur rien.

La conscience éveillée, qui n'est autre que l'esprit libre de confusion, transcende les notions d'être et de non-être. On dit que « s'il y a attachement, il n'y a pas de vue » : c'est ce que Drakpa Gyaltsen entendit de la bouche de Mañjushrî, le bouddha de la connaissance, lors d'une vision. On ne peut pas affirmer que l'Éveil existe, puisque les bouddhas eux-mêmes n'ont rien vu de tel. On ne peut pas davantage affirmer qu'il n'existe pas, puisqu'il constitue la racine même du samsâra et du nirvâna. Tant que prévaudront les concepts d'être et de non-être, nous n'aurons pas réalisé la nature véritable de l'esprit.

L'arc-en-ciel brille dans l'espace, mais il n'est en rien différent de l'espace. Il en est pour ainsi dire une manifestation. De même, les expériences qui surgissent pendant la méditation n'ont aucune consistance. Les bonnes expériences nous font croire que nous avons atteint une haute réalisation, et les mauvaises nous découragent. « Les arcs-en-ciel trompent les enfants, dit-on, et les expériences méditatives, les méditants. » Si nous ne voulons pas que ces expériences nous induisent en erreur, nous devons cesser de leur accorder la moindre importance.

64 ***La réalisation du réel est comparable au rêve du muet, Gens de Tingri : elle se moque des conventions et du langage.***

Le muet peut clairement se remémorer un beau rêve, mais jamais il ne pourra le raconter. De même, les mots nous manquent pour décrire la nature ultime de l'esprit, le corps absolu du Bouddha, car l'esprit échappe à toute définition. Dit-on qu'il existe : l'examen ne révèle que vacuité. Dit-on qu'il n'existe pas : la chose est démentie par ses multiples manifestations. La nature ultime de l'esprit relève de la vérité absolue, laquelle, défiant toute description, ne peut être cernée par la pensée discursive.

65 ***La réalisation ressemble au premier plaisir d'une pucelle, Gens de Tingri : elle se présente comme une indicible joie.***

À l'aube de la réalisation, l'esprit se trouve parfaitement libre, à l'aise, comblé, vaste et serein. Mais la réalisation elle-même demeure inexprimable comme la joie d'une adolescente dans la fleur de la jeunesse.

66 La vacuité et la luminosité sont inséparables comme l'eau et la lune qui s'y reflète,
Gens de Tingri : rien qui adhère, rien qui bloque.

Les perceptions du samsâra et du nirvâna font toutes partie du jeu spontané du pouvoir créatif de l'esprit et sont le rayonnement de la vacuité. Ce rayonnement a pour essence la vacuité, et la vacuité a pour expression ce rayonnement : rien qui puisse se dissocier.

Pour mieux comprendre, prenons l'exemple de la lune qui se reflète dans l'eau. Elle brille de toute évidence à la surface de l'eau mais on ne saurait l'attraper : elle est à la fois présente et insaisissable. Ce qui vaut pour l'esprit dont rien ne peut bloquer la nature, où vacuité et luminosité se trouvent indivisibles, et dont la nature ne bloque rien, à la différence des objets solides, les rochers, par exemple, dont la présence exclut la présence de tout autre objet au même endroit et en même temps. Par essence, l'esprit est immatériel et omniprésent.

67 L'apparence et la vacuité sont inséparables comme le ciel et l'espace vide,
Gens de Tingri : l'esprit n'a pas de centre ni de périphérie.

Dans sa manifestation, l'esprit a la faculté d'appréhender les formes, les sons et les autres phénomènes, ainsi que d'éprouver le plaisir et la douleur. Néanmoins, le monde des apparences n'existe pas en soi. Si on l'analyse, on n'aboutit nulle part ailleurs qu'à la vacuité. L'espace vide permet aux mondes de se déployer et, de la même manière, c'est la vacuité essentielle de l'esprit qui lui permet de s'exprimer. L'espace n'a pas de limites, et on ne peut lui assigner ni centre ni périphérie. De la même façon, l'esprit n'a ni commencement ni fin, aussi bien dans l'espace que dans le temps.

68 L'absence de pensée est imperturbable comme un miroir,
Gens de Tingri : elle ne défend aucune thèse.

Une fois que l'on a reconnu la nature de son esprit, il n'est plus nécessaire de se contraindre à un rappel conscient de cette nature ni de l'altérer d'aucune façon. À ce stade, on ne peut pas dire que l'esprit médite, puisqu'il repose dans un état d'équilibre serein où toutes choses sont égales et qu'il ne se concentre pas sur les détails d'une visualisation précise, une déité par exemple. S'il ne médite pas, l'esprit ne sombre pas davantage dans la distraction et la confusion qui caractérisent son état ordinaire, car il demeure immuablement, bien que sans effort, dans sa propre nature.

La conscience éveillée n'est pas affectée par les perceptions agréables ou désagréables. Elle demeure simplement ce qu'elle est, tel un miroir qui ne s'exalte pas devant un beau visage ni ne s'offusque de la laideur : il reflète fidèlement toute image, mais la nature de cette image ne l'altère en rien. De même, l'être éveillé perçoit clairement tous les phénomènes, sans que ceux-ci affectent sa réalisation de leur nature ultime.

Lorsqu'une image apparaît dans un miroir, on ne peut pas dire qu'elle fait partie du miroir ni qu'elle se trouve ailleurs. De même, les perceptions des phénomènes extérieurs ne se trouvent ni dans l'esprit, ni en dehors de lui. Les phénomènes ne sont en vérité ni existants ni inexistants.

La réalisation de la nature ultime des choses se situe donc au-delà des concepts d'être et de non-être. C'est pourquoi on peut lire dans les textes de la voie médiane que : « Puisque je n'affirme rien, nul ne me réfutera. »

69 La conscience éveillée et la vacuité sont inséparables comme le miroir et les reflets,
Gens de Tingri : là non plus, rien ne naît, rien ne cesse.

La vacuité de l'esprit ne désigne pas le néant et moins encore un état de torpeur, car elle est naturellement douée d'une clarté toute-connaissante appelée « conscience éveillée », ou « pur éveil » (*rig-pa*). Ces aspects de vacuité et d'éveil sont absolument inséparables et essentiellement un comme le miroir et les reflets.

Les pensées se manifestent au sein de la vacuité et s'y résorbent de même qu'un visage qui apparaît et disparaît dans un miroir : ce visage ne s'est pas introduit dans le miroir pour s'y manifester et, lorsqu'il ne s'y reflète plus, il ne cesse pas d'exister pour autant.

Le miroir non plus ne s'altère en rien. Avant de s'engager dans la pratique de la spiritualité, on se trouve dans l'état « impur » du samsâra, où tout est régi par l'ignorance. Une fois engagé sur la voie, on se retrouve dans un état où se mêlent ignorance et connaissance. Au terme de la voie, au moment de l'Éveil, la pure connaissance seule subsiste. Mais tout au long du cheminement spirituel, bien qu'en apparence une transformation ait eu lieu, la nature de l'esprit reste inchangée : elle n'était pas corrompue au début de la voie et elle ne s'est pas améliorée à son terme, au moment de la réalisation.

70 ***La félicité et la vacuité sont indivisibles comme l'éclat du soleil et la blancheur des sommets,***
Gens de Tingri : comment peut-on distinguer entre elles ?

Lorsque les rayons du soleil frappent une cime enneigée, la neige s'illumine et sa blancheur devient encore plus éclatante. Mais peut-on distinguer l'éclat du soleil de la blancheur de la neige ?

Reconnaître la vacuité de l'esprit amplifie la félicité qui lui est inhérente. Cette félicité est une liberté parfaite, imprégnée d'aisance et de naturel, dégagée de toute entrave. Toutefois, félicité et vacuité sont indissociables : totale et omniprésente, la félicité n'est cependant pas une entité tangible. On ne peut pas empoigner la luminosité de la neige, si éblouissante soit-elle.

71 ***Les paroles trompeuses s'évanouissent comme l'écho,***
Gens de Tingri : le son est insaisissable.

En ce monde futile, on aimerait n'entendre que des compliments et même, si l'on venait à faire votre éloge, il ne vous déplairait pas qu'on en rajoute et que la terre entière vous admire. Mais face à la critique, on joue des pieds et des mains pour empêcher que la rumeur ne se répande, et si l'on appartient à la sphère des puissants, on impose à tous de garder le silence.

La louange et le blâme ne sont pourtant que des sons creux, indignes de la moindre attention. Il est aussi risible pour le sage de s'enorgueillir que de s'offenser des paroles renvoyées par l'écho.

72 ***Le bonheur et la souffrance ont une mécanique comparable au luth dont la musique,***
Gens de Tingri, jaillit de la caisse et des cordes comme d'une cause et de ses circonstances.

Il faut d'abord fabriquer le corps du luth et y fixer un manche et des cordes pour en tirer de mélodieux accords. L'instrument ne produira aucun son musical s'il lui manque certains éléments essentiels. N'espérons pas non plus jouir du bonheur sans l'avoir construit, car le bonheur et la souffrance sont la conséquence de l'interaction complexe des actes positifs et négatifs dont nous sommes les auteurs.

La maîtrise du luth requiert un entraînement assidu, et la maîtrise du bonheur exige la pratique continue du Dharma. Encore faut-il s'y exercer correctement : pincer les cordes au hasard et le plus fort possible ne produira qu'une affreuse cacophonie. La pratique du Dharma sous le coup d'un élan désordonné vers le bonheur ne mène qu'à des déconvenues.

La musique suit les lois de l'harmonie, et le bonheur et la souffrance suivent, au niveau relatif des apparences, les lois inéluctables de la causalité karmique. Dans le domaine absolu, la mélodie du luth est insaisissable, de même que la joie et la souffrance n'offrent aucune prise réelle.

Prenons un autre exemple. Certains champignons vénéneux sont succulents mais provoquent en quelques heures la mort de l'imprudent qui les consomme. De même, la richesse, la gloire et les plaisirs des sens ne manquent pas d'attraits, de prime abord, mais ils peuvent s'achever sur de puissantes déceptions. À l'opposé, tel médicament avait mauvais goût : n'empêche qu'il nous a guéris. La pratique spirituelle comporte des difficultés, elle aussi, des épreuves morales et physiques, mais elle conduit à une félicité indestructible où toute trace de souffrance a disparu. Il est donc vital de distinguer, sans ambiguïté ni erreur, ce qu'il convient d'adopter et de rejeter.

73 La libération spontanée du samsâra et du nirvâna semble un jeu d'enfant,
Gens de Tingri : libérez votre esprit de tous ses schémas.

Les émotions troublent notre esprit et nous obscurcissent en nous faisant errer sans fin dans le cercle des existences. Prenons toutefois la peine de les examiner et nous n'y trouverons pas trace de réalité – il n'y a là que vacuité.

Les qualités infinies et inexprimables de la sagesse primordiale – le véritable nirvâna – sont inhérentes à l'esprit de chaque être animé. Nul besoin de les créer, de les inventer. La réalisation spirituelle ne fait rien d'autre que les révéler au fur et à mesure de la purification que représente la voie. Du point de vue ultime, enfin, ces qualités ne sont, elles aussi, que vacuité.

Ainsi, le samsâra est vacuité, le nirvâna est vacuité, si bien que l'un n'est pas « mauvais » ni l'autre « bon ». Celui qui a réalisé la nature de l'esprit est libéré du schéma qui consiste à renoncer au samsâra pour atteindre le nirvâna : cet être réalisé ressemble à un petit enfant qui regarde le monde avec innocence et simplicité, sans concepts de beauté ou de laideur, de bien ou de mal. Il n'est plus la proie des tendances conflictuelles qui engendrent le désir et la répulsion.

Rien ne sert de s'inquiéter des revers de la vie quotidienne à l'instar de cet autre enfant qui jubile en construisant un château de sable, mais pleure quand il s'écroule. Voyez comment les êtres puérils s'offrent aux difficultés comme les papillons qui se jettent dans la flamme d'une lampe : ils veulent juste s'approprier ce qu'ils convoitent en se débarrassant de ce qu'ils n'aiment pas. Mieux vaudrait déposer le fardeau de ces attachements chimériques.

74 Toute projection émane de l'esprit,
Gens de Tingri, et la glace fond en eau.

Pendant l'hiver, le gel fige les lacs et les rivières, et l'eau devient si solide qu'elle peut porter hommes, bêtes et carrioles. Avec le printemps, la terre et les eaux se réchauffent : c'est le dégel. Que reste-t-il alors de la dureté de la glace? L'eau est douce et fluide, la glace dure et coupante. On ne peut pas dire qu'elles soient identiques ni, non plus, qu'elles soient différentes, car la glace n'est que de l'eau solidifiée et l'eau, de la glace fondue.

Il en est de même de nos perceptions du monde extérieur. S'attacher à la réalité des phénomènes, être tourmenté par l'attirance et la répulsion, de même que par les huit préoccupations mondaines[12], voilà qui produit comme une embâcle dans l'esprit. Alors, faisons fondre la glace des concepts en l'eau vive de la liberté intérieure.

75 *L'ignorance a la force d'une source vive,*
Gens de Tingri : vous ne l'arrêterez pas en l'obstruant.

C'est en vain qu'on tente de bloquer avec la main ou avec une pierre une source puissante qui jaillit dans une prairie : en quelques secondes, la pression de l'eau aura raison de toute résistance. Il en va de même avec la croyance bornée à la réalité du « moi » et des phénomènes, qui est la nôtre depuis des vies sans nombre. Cette croyance a trop d'emprise sur nous pour que nous puissions nous en dégager rien qu'en la réfrénant : il faut clairement reconnaître qu'elle n'a aucun fondement.

Tout ceci est encore vrai lorsqu'il s'agit des pensées. Le méditant est souvent envahi par un fourmillement de pensées. S'il s'obstine à vouloir les bloquer, il ne peut qu'échouer en attirant divers troubles mentaux. Les pensées qu'il tente de supprimer se retournent contre lui en l'empêchant plus encore de méditer. L'essentiel consiste alors à reconnaître que les pensées n'ont jamais pris naissance réellement et que, par conséquent, elles n'existent guère plus qu'elles ne cessent d'exister. Si le méditant sait les libérer au moment où elles surgissent, elles ne lui feront, même nombreuses, aucun mal. Les pensées ne dénaturent pas la méditation, et leur absence ne la rend pas meilleure. Les villes et les campagnes qui défilent devant les yeux du voyageur confortablement installé ne ralentissent pas le train, et le train ne les affecte en rien. Il n'y a pas d'interférences entre eux. Ainsi le méditant regardera les pensées qui lui passent par l'esprit.

76 ***Qui s'égare dans le samsâra ou le nirvâna tombe aux mains de l'ennemi,***
Gens de Tingri : la pratique de la vertu sera son seul secours.

Croire qu'il faut à tout prix rejeter le samsâra et obtenir le nirvâna procède, dans les deux cas, d'une confusion issue de l'ignorance. Neutraliser cette confusion revient à capturer le général de l'armée ennemie, laquelle ne tardera pas à se rendre. Toutefois, pour le capturer, il nous faut des alliés : ici, le maître spirituel et les actes vertueux, qui nous permettront de nous purifier et de développer notre potentiel de perfection.

77 ***Les cinq corps rayonnent naturellement comme une île tout en or,***
Gens de Tingri : n'ayez plus d'espoir ni de crainte, plus de désir ni de haine.

L'état de bouddha est riche de cinq « corps », ou aspects du pur éveil infini : le corps d'apparition, le corps de parfaite jouissance, le corps absolu, le corps essentiel et l'immuable corps de diamant[13]. Ne les cherchons pas hors de nous : ils sont inséparables de notre être, de notre esprit. Dès que nous aurons constaté leur présence, c'en sera fait de la confusion, et nous n'aurons plus besoin de chercher l'Éveil ailleurs. Le navigateur qui aborde dans une île entièrement constituée d'or fin n'y trouvera pas le moindre caillou, même en cherchant bien. Découvrons enfin que toutes les qualités du Bouddha nous sont inhérentes depuis toujours.

Rien ne sert de s'inquiéter de la lenteur des progrès, de se décourager en pensant que l'Éveil est hors d'atteinte, ou presque, et que tout cela marchera peut-être dans un futur des plus lointains. Ce genre d'attitude ne fait que renforcer les tensions et l'anxiété en rendant incapable de pratiquer l'esprit serein. Ainsi que le disait Milarépa : « Ne soyez pas impatients d'atteindre l'Éveil, mais pratiquez jusqu'à votre dernier souffle. »

Ainsi, bannissant tout espoir et toute peur, cultivons la certitude adamantine que la simplicité primordiale de la conscience éveillée est à elle seule la bouddhéité. Nous jouirons alors d'une joie parfaite, dans laquelle toutes les qualités de l'Éveil s'épanouiront sans peine.

78 *Libre et riche, l'existence humaine est comparable à une île de pierreries,*
Gens de Tingri : n'en revenez pas les mains vides !

L'explorateur qui découvre une île couverte de pierreries et de joyaux pourra charger son navire d'or, de diamants, de saphirs, de rubis et d'émeraudes. L'existence humaine nous offre une occasion tout aussi précieuse, bien plus à vrai dire, d'étudier le Dharma, de bien y réfléchir et de le pratiquer pour donner un sens à notre vie. Nous n'avons que l'embarras du choix entre les innombrables enseignements du Petit Véhicule, du Grand Véhicule et du Véhicule Adamantin.

Cependant, à présent que nous sommes libres de pratiquer le Dharma et que nous jouissons de toutes les conditions favorables[14], si nous ne saisissons pas la chance qui est manifestement la nôtre, nous serons comme ce mendiant qui ramasse un joyau, le serre un instant dans son poing et, n'y voyant qu'un morceau de verroterie, le jette dans la poussière. Mais il y a pire encore : si l'on est parfaitement conscient de la valeur de l'existence humaine, la gaspiller sciemment dans la distraction et la poursuite d'ambitions vulgaires, c'est le comble de la confusion. En vain le voyageur aura sillonné les mers au prix d'incroyables efforts s'il revient bredouille de l'île de tous les joyaux. Ne commettons pas cette erreur.

79 La tradition du Grand Véhicule est comparable au joyau magique, Gens de Tingri : que de difficultés s'il vous fallait la retrouver.

La pierre de tous les miracles, le joyau magique, *chintâmani* en sanskrit, exauce tous les désirs, toutes les prières, et peut faire disparaître la pauvreté dans une région entière. La pratique du Grand Véhicule mérite bien d'être comparée à ce joyau, car elle peut soulager la souffrance de tous les êtres.

En cette vie, nous avons rencontré un maître spirituel et reçu de lui les enseignements qui expliquent la pratique. Cette rencontre n'est guère le fait du hasard, mais le résultat de l'inclination à la vie spirituelle que nous avons cultivée lors de nos vies passées.

Un maître spirituel qualifié et ses enseignements sont aussi rares et précieux que le grand lotus bleu, la fleur *udumvara,* dont les boutons apparaissent lorsqu'un bouddha apparaît en ce monde, s'épanouissent lorsqu'il atteint l'Éveil et se flétrissent quand il quitte son corps. Or, le bouddha Shâkyamuni est apparu dans notre monde, il a mis en branle la roue des enseignements et ceux-ci ont survécu jusqu'à nos jours. Les ayant reçus d'un maître authentique, nous sommes prêts à les mettre en pratique. Ne devrions-nous pas nous émerveiller de notre bonne fortune et, sans perdre un instant ni nous dissiper en vaines occupations, concentrer tous nos efforts sur la pratique du Dharma ?

80 On trouve toujours de quoi manger et se vêtir en cette vie,
Gens de Tingri : que tous vos désirs se ramènent au Dharma.

On ne peut manger qu'un repas, ne porter qu'un habit à la fois, même si l'on en a plein ses armoires, ses garde-manger. Tout ce dont nous avons besoin, c'est de nourriture pour subsister et de vêtements qui nous protègent du froid. Ne vous faites pas de souci : le Bouddha nous a promis qu'on ne trouverait jamais les os d'un renonçant mort de faim ou de froid. N'hésitez pas à pratiquer sous prétexte que vous n'aurez pas de quoi manger, rien à vous mettre sur le dos et nulle part où loger. Que ce soit bien clair dans votre esprit : le Dharma est la meilleure façon d'utiliser sa vie.

81 Livrez-vous à l'ascèse tant que vous êtes jeunes,
Gens de Tingri, car, vieux, votre corps ne vous le permettra plus.

Profitons de notre jeunesse pour pratiquer le Dharma, car nous jouissons alors de toutes nos facultés intellectuelles pour étudier, réfléchir et méditer, ainsi que de toutes nos forces physiques pour supporter les rigueurs de l'entraînement spirituel. La jeunesse est le meilleur moment pour pratiquer le plus énergiquement possible. Et ainsi, quand nous en serons à l'âge mûr, nous aurons acquis une grande stabilité dans notre pratique et pourrons continuer de la cultiver sans effort. Mais si, au contraire, nous laissons le temps passer, notre vue s'affaiblira, nous deviendrons durs d'oreille, nous perdrons la mémoire, et le moindre effort nous épuisera en nous rendant malades : il sera trop tard pour nous mettre à pratiquer. En conséquence, tirons le meilleur parti de notre jeunesse pour ne pas avoir de regrets quand nous serons vieux.

82 Quand l'émotion est là, usez de son antidote,
Gens de Tingri, et ses particularités se libéreront d'elles-mêmes.

Le marchand qui traverse une forêt infestée de brigands garde une arme à portée de la main ; le voyageur qui parcourt une région dévastée par une épidémie emporte tout un assortiment de médicaments. Nous vivons sous la menace de nos émotions douloureuses : colère, désir, orgueil, jalousie, et ainsi de suite. Nous devons donc être toujours prêts à les contrer à l'aide de l'antidote approprié. C'est à son indéfectible vigilance que l'on reconnaît le vrai pratiquant. À quoi bon pratiquer quand tout va bien, si nous tombons sous la coupe des émotions à la première occasion ? C'est dans l'épreuve, dans les conditions qui réveillent ses émotions latentes, qu'on peut jauger le pratiquant. S'il est capable de réagir sur-le-champ en recourant à l'antidote correct, il n'aura aucun mal à triompher des obstacles. Si, plus particulièrement, il sait transcender les concepts de sujet et d'objet, toutes ses pensées se libéreront d'elles-mêmes, comme le serpent noué se dénoue sans effort et sans aide. Quand on remonte à la source de la pensée et des concepts, on reconnaît leur essence réelle, autrement dit, la vacuité inséparable de la connaissance transcendante.

83 ***Le plus souvent, rappelez-vous les défauts du samsâra,***
Gens de Tingri : votre foi en sera vivifiée.

La pratique a ses périodes noires lors desquelles notre zèle faiblit, nos désirs font rage et notre insatisfaction nous porte à vouloir des choses toujours différentes ou meilleures que celles que nous avons déjà : nous ne parvenons plus alors à nous concentrer sur la pratique. À ces moments-là, réfléchissons bien aux pénibles défauts du samsâra : ils nous rappelleront à l'ordre sans ménagements et nous remettront sur le bon chemin. Voir clairement que la souffrance imprègne la moindre parcelle du cercle des existences, voilà un excellent moyen de raviver sa foi et d'affermir la confiance que les enseignements peuvent inspirer.

84 ***Ayez courage maintenant, tenez bon,***
Gens de Tingri, et vous ne serez pas sans guide après la mort.

Le chef d'une puissante armée, valeureuse et bien approvisionnée en munitions, voit venir l'ennemi avec flegme et assurance. Le pratiquant qui acquiert une grande stabilité dans sa pratique est serein devant la mort. Or, c'est dès à présent qu'il faut acquérir cette stabilité.

Le grand voyageur prépare son départ en rassemblant tout ce dont il aura besoin dans son périple – vivres, argent, médicaments, cartes, boussole… Tôt ou tard, nous embarquerons pour le long voyage des vies futures : nous devrions nous y préparer dès à présent en prenant conseil auprès d'un maître et en nous exerçant à intégrer ses enseignements.

85 ***Vous n'êtes pas libres aujourd'hui. Quand le serez-vous,***
Gens de Tingri ? La fête n'a lieu qu'une fois sur cent.

On entend souvent dire : « Je pratiquerais volontiers le Dharma, mais pour l'instant c'est impossible. Je dois m'occuper de ma famille et assurer l'avenir. » Nous jouissons pourtant d'une existence humaine, nous sommes libres et pouvons pratiquer le Dharma si nous le désirons. Alors, pourquoi remettre à plus tard? Les conditions seront-elles meilleures dans nos vies futures? Peut-être serons-nous alors victimes des souffrances et de la servitude des destinées inférieures. À laisser passer les jours, les mois et les années, nous gâchons toutes les chances de nous libérer du cercle vicieux du samsâra. Saisissons l'occasion lorsque nous est offert un vrai repas de fête! Midi sonne à l'horloge du Dharma : profitons-en!

86 ***La vie est éphémère comme la rosée sur un brin d'herbe,***
Gens de Tingri : ne cédez plus à la paresse et à l'indifférence!

La vie est fragile, à l'image de la rosée délicatement suspendue aux herbes, en gouttes de cristal qu'emporte la première brise du matin. Le désir sincère de pratiquer le Dharma, la promesse de s'y mettre au plus tôt, ne suffisent pas : n'attendez pas sans rien faire que le vent de la mort souffle vos plans avant que vous n'ayez pu les réaliser.

S'il vous vient l'envie de pratiquer, faites-le sans hésiter. Le débutant a l'esprit changeant ; il est le jouet de ses émotions et ressemble aux longues herbes des cols, que les vents courbent en tous sens.

87 Si vous perdez pied aujourd'hui, gens de Tingri,
Vous aurez du mal à retrouver une existence humaine.

Le moindre faux pas du montagnard sur la roche glissante, au bord du précipice, peut lui coûter la vie. Nous passons notre existence tout entière le long du ravin des mondes inférieurs. Seule la pratique du Dharma nous permettra d'en sortir sains et saufs. Si nous tombons au fond du gouffre, il nous sera presque impossible de remonter la pente qui mène à la condition humaine.

88 L'enseignement du Bouddha, gens de Tingri, est comparable au soleil
Qui, aujourd'hui seulement, perce entre les nuages.

Les enseignements du Bouddha ne sont pas à notre disposition pour toujours. Quand le mérite des êtres décline, les enseignements déclinent eux aussi. À présent, nous vivons dans un âge sombre, l'ère des cinq dégénérescences[15]. Le soleil du Dharma brille encore par une trouée d'azur entre les nuages avant de plonger derrière les montagnes du couchant. La nuit tombée, nous entrerons dans une ère obscure, où le nom des Trois Joyaux sera inconnu.

Tirons parti de cette éclaircie fugitive ; ne laissons pas passer notre chance ! Nous continuerons d'errer dans le dédale du samsâra, faute d'avoir rencontré les enseignements du Bouddha dans nos vies précédentes, ou de les avoir négligés. En revanche, si nous entrons dans la voie du Dharma, elle sera notre support jusqu'au but, et nous irons d'excellence en excellence.

89 Vous parlez bien, gens de Tingri, mais vous ne pratiquez pas :
Le problème ne vient pourtant que de vous.

Certains parlent du Dharma avec éloquence sans en avoir l'expérience. Ils se répandent en beaux discours, mais brûlent du feu des cinq poisons. Pour enseigner, il faut avoir soi-même assimilé ce qu'on enseigne. La flamme vive et brillante d'une seule lampe à beurre peut en allumer cent autres ; la flamme ténue d'une mèche trop fine ne le pourra jamais.

Il se peut que nous ayons reçu de multiples enseignements et que nous sachions, en théorie, comment progresser en évitant les obstacles. Faute de les appliquer, ces instructions resteront aussi stériles que la fortune de ce riche personnage qui était si avare qu'il refusa de s'acheter à manger et en mourut. Il arrive que la connaissance se transforme en distraction.

Pour pratiquer sincèrement, il faut d'abord ouvrir les yeux sur ses propres défauts en contemplant le miroir de l'esprit. Le crétin qui affiche la haute opinion qu'il a de lui-même ne voit de défauts que chez les autres et tient ses propres tares pour des qualités, se barrant ainsi la route à tout progrès. Pour les maîtres kadampas, le meilleur enseignement est celui qui met en lumière les défauts cachés. Quand on démasque un voleur dont personne ne soupçonnait les activités, ne le réduit-on pas à l'impuissance ?

Sachez reconnaître vos défauts majeurs – le désir, la colère, le manque de discernement, la jalousie, l'orgueil –, restez-en conscients et neutralisez-les dès qu'ils se manifestent. Soyez vis-à-vis de vos émotions comme un homme puissant qui craint pour sa vie et jour et nuit s'entoure d'une garde vigilante.

> Les maîtres kadampas disaient encore :
> *Je tiendrai l'épée de la vigilance à la porte de mon esprit :*
> *Quand les émotions menaceront, je les menacerai ;*
> *Quand elles espaceront leurs assauts, alors seulement je relâcherai mes défenses.*

Faute de rester vigilant face à la pression des émotions, on peut manquer le point essentiel du Dharma et se mentir toute sa vie en prétendant pratiquer correctement. Pris à contresens, le Dharma peut mener aux destinées inférieures.

Les fresques qui représentent la magnificence d'un champ céleste avec un grand luxe de détails ne permettent pas pour autant à ceux qui les contemplent de s'introduire effectivement dans une terre pure. La lecture d'une ordonnance n'a jamais guéri personne. On ne se rapproche pas de la libération en ne faisant que singer le Dharma.

C'est perdre son temps que de teindre un tissu avec négligence : la teinture ne tiendra pas et l'opération n'aura servi à rien. Et il est tout aussi infructueux de pratiquer le Dharma sans qu'il pénètre au plus profond de nous. Qui néglige de s'améliorer dénature son potentiel de bonheur.

Nul ne parcourt la voie à la place d'un autre ; chacun est le maître de ses propres progrès. Certes, il est impossible d'éliminer tous nos défauts instantanément – seuls les bouddhas sont parfaits –, mais nous pouvons nous en purifier petit à petit, comme la lune qui, lentement, émerge des nuages.

Il n'est pas de crime si grave qu'il ne soit réparable : Angulimala, l'homme au collier de doigts coupés, tua neuf cent quatre-vingt-dix-neuf personnes, mais il atteignit l'état d'arhat lorsque, ayant rencontré le Bouddha, il se fut purifié de ses péchés par la force de sa foi. L'effort peut développer les qualités, mais sans foi ni volonté, nul ne pourrait se perfectionner même si le Bouddha lui apparaissait en personne.

Nous devrions chaque matin avoir pour première pensée le désir de consacrer la journée qui commence au bien-être de tous. Pour ce faire, il nous faudra mettre en pratique le mieux possible les enseignements du Dharma. Le soir, nous examinerons nos actes, paroles et pensées de la journée : s'ils ont été positifs, nous en dédierons les mérites à tous les êtres en formant le vœu de les développer plus encore le jour suivant ; s'ils ont été négatifs, nous les confesserons et promettrons de les réparer. En procédant de la sorte, le pratiquant supérieur progressera de jour en jour, le pratiquant moyen, de mois en mois, et le pratiquant inférieur, d'année en année.

90 Les circonstances peuvent altérer votre foi,
Gens de Tingri : pensez alors aux défauts du samsâra !

En présence des maîtres et pendant que l'on écoute leurs enseignements, on a foi et confiance. Mais l'esprit est volage et cette foi naissante, fragile encore, est facilement la proie des circonstances, dans le cas, par exemple, où nous fréquentons de mauvais amis.

Si notre foi manque d'assurance, notre pratique ne fera que stagner. Il faut donc cultiver la foi, la nourrir et, pour cela, se rappeler la bonté, la compassion et la perfection des maîtres et du Dharma pour les comparer aux terribles défauts du cercle des morts et des renaissances.

Si nous pouvions rassembler toutes les larmes que nous avons versées au cours de nos vies passées, elles formeraient un immense océan. Si nous pouvions empiler tous les corps qui furent les nôtres, y compris nos corps d'insectes, ils formeraient une masse plus imposante que la plus haute de toutes les montagnes. Pour nous convaincre mieux encore des misérables imperfections du samsâra, rappelons-nous ces images. Et si nous continuons à éprouver de l'attirance pour les prétendues joies de ce cercle vicieux, c'est que nous sommes, purement et simplement, aveugles. Reconnaissons que nous sommes enfermés dans les geôles du samsâra et n'ayons de cesse de nous en échapper. Ce genre de pensée s'avérera des plus profitables.

91 Les mauvaises fréquentations vous conduisent à mal agir, Gens de Tingri : détachez-vous des amitiés qui égarent !

L'esprit est comparable à un morceau de cristal transparent qui prend la couleur du fond sur lequel on le place. Qu'il soit posé sur le fond blanc des bons amis ou sur le fond noir des mauvais, il reflétera la perfection des uns et les défauts des autres.

Si nous nous associons au malveillant, à l'égoïste, au rancunier, à l'intolérant, au dissolu, à l'arrogant, ses défauts déteindront sur nous. Mieux vaut garder nos distances.

92 ***Les bonnes fréquentations permettent aux qualités de se développer,***
Gens de Tingri : cherchez la compagnie des amis de bien.

Si nous en avons la possibilité, vivons dans la proximité des maîtres spirituels, car ils sont comme un jardin de sagesse, de plantes médicinales. Auprès d'un maître réalisé, nous atteindrons rapidement l'Éveil ; auprès d'un maître érudit, nous acquerrons de grandes connaissances ; auprès d'un grand méditant, l'aurore de l'expérience spirituelle se lèvera dans notre esprit ; auprès d'un bodhisattva, notre compassion s'épanouira : le bois vulgaire au contact du santal s'imprègne peu à peu de son parfum.

93 ***Le mensonge et la tromperie vous abusent autant que les autres,***
Gens de Tingri : prenez votre conscience à témoin !

Milarépa disait : « Ne rien avoir à se reprocher, c'est le signe de la pureté des vœux. » Notre conscience est notre meilleur témoin, car elle connaît mieux que quiconque les intentions bonnes ou mauvaises que nous avons eues, les actes que nous avons commis. Qui peut se dire qu'il a agi de son mieux est forcément serein et satisfait.

Jugeons nos fautes et non celles des autres : seul un bouddha peut connaître les motivations profondes de tout un chacun. Voyons par nous-mêmes et pour nous-mêmes si nous vivons en accord avec le Dharma. Il serait vain de nous fabriquer une conduite d'apparence irréprochable si, à l'intérieur de nous-mêmes, nous restions en parfaite contradiction avec le Dharma. La dévotion sentimentale, le respect formel, la compassion superficielle et le renoncement affecté : de ce bois-là, le pratiquant authentique ne se chauffera jamais.

94 *La méprise d'ignorance est le pire des fléaux,*
Gens de Tingri : restez vigilants et attentifs !

L'ignorance est la cause première de notre errance dans le samsâra. Tout être, jusqu'au plus petit insecte, est porteur de la nature de bouddha, comme tout grain de sésame est gorgé d'huile. Toutefois, les êtres ignorent leur nature véritable et, en proie à l'obscurcissement, ils souffrent : tel est l'objet de l'ignorance.

Cette ignorance a la particularité de nous faire croire à la réalité du moi et des phénomènes; ce qui entraîne l'attachement et la répulsion, de même que l'ensemble des affects douloureux qui tous découlent de ces deux poisons principaux. Et c'est ainsi que la confusion du samsâra s'installe. Ancrée dans notre esprit, elle le mine, comme un démon qui n'apporte que ruine et déclin. Tout au long de la *Marche vers l'Éveil*[16], Shântideva montre comment, au cours de vies sans nombre, les passions nous ont nui impitoyablement : c'est donc le désir et la haine qu'il faut exécrer et non les ennemis au sens vulgaire.

Notre ennemi, si acharné soit-il, ne pourra nous nuire au-delà de cette vie – il est lui-même victime de ses passions –, alors que les émotions négatives nous maltraitent depuis des temps sans commencement et, de ce fait, s'avèrent bien plus redoutables : elles n'ont cessé de nous pousser à mal agir et, partant, à endurer de grandes souffrances. Maintenant que, grâce au maître, nous avons identifié notre seul et unique ennemi, brandissons l'épée de la connaissance transcendante et décapitons le démon de la croyance à la réalité du moi et des phénomènes !

95 Victorieux des poisons, qu'on ramène à cinq ou à trois, vous serez près du but,
Gens de Tingri : gardez bien leurs antidotes à l'esprit !

Le plus souvent, les cinq poisons – à savoir le désir, la haine, l'ignorance, la jalousie et l'orgueil – règnent en maîtres dans notre esprit. Voyez comme la haine pousse les individus à s'entre-tuer, les peuples à se faire la guerre et les nations à s'exterminer avec des bombes. Tant que nous donnerons libre cours à nos passions, elles nous domineront. Mais si nous les analysons bien et remontons à leur source, elles s'évanouissent, insaisissables comme ces gros nuages d'orage, imposants de l'extérieur, mais impalpables quand on s'y introduit. Les émotions négatives n'ont d'importance et de pouvoir que ceux qu'on veut bien leur accorder. Plutôt que de les tolérer encore et toujours, nous devrions nous en débarrasser une fois pour toutes, et la libération sera enfin à notre portée.

Pour réussir, il faut faire preuve d'une vive détermination. Sinon, les instructions de notre maître ne serviront à rien et la pratique ne nous mènera nulle part. Le maître peut nous guider vers l'Éveil, mais il ne nous y projette pas comme on lance un caillou : il nous montre le chemin, et c'est à nous de le parcourir. Pour le moment, nos émotions sont toutes-puissantes et il nous faudra recourir à des antidotes drastiques. Pour se débarrasser d'un arbre empoisonné, il faut le déraciner ; il ne sufit pas de le couper à mi-hauteur ou d'en élaguer quelques branches. De même, si nous ne déracinons pas les émotions, elles resurgiront, aussi vigoureuses qu'auparavant.

96 Il ne faut pas qu'un peu de courage pour devenir bouddha,
Gens de Tingri : revêtez donc l'armure de la persévérance !

La persévérance est la force vive de la pratique spirituelle. C'est en persévérant durant trois kalpas incalculables que Shâkyamuni devint bouddha. À soixante et onze reprises, il se réincarna en monarque universel prêt à tout sacrifier pour recevoir les enseignements du Dharma. Le pouvoir de ses bénédictions est le fruit des mérites qu'il acquit par ses propres efforts. C'est par l'effort également que Milarépa, l'archétype du pratiquant, et tous les autres êtres réalisés purent atteindre l'Éveil. Le disciple incapable de diligence est, comme un roi mal protégé, une proie toute désignée pour ses agresseurs : la paresse et les passions. Nous sommes à deux doigts de perdre la bataille de la libération : il nous faut donc revêtir sur-le-champ l'armure de l'effort et livrer combat à l'indolence.

97 Les mauvaises habitudes sont de vieilles connaissances qui tendent à revenir sans cesse,
Gens de Tingri : ne perpétuez plus le passé.

Nos mauvaises habitudes sont aussi fortes que perfides. Fortes, parce qu'elles s'enracinent dans un grand nombre de vies ; perfides, parce que, sous des allures parfois engageantes, elles nous mènent à notre perte.

Les bonnes habitudes sont, au contraire, faibles et timides, puisque nous sommes encore novices dans la pratique spirituelle. Grâce à la bienveillance de notre maître spirituel, les bourgeons de la foi, de l'enthousiasme et de la persévérance commencent à percer dans notre esprit, mais ils sont vulnérables aux intempéries des circonstances extérieures. Les bonnes habitudes livrent aux mauvaises un combat inégal, tel l'enfant inexpérimenté qui défierait un mercenaire aguerri à toutes les ruses de l'art martial. Ce n'est qu'au prix d'un entraînement constant que notre pratique se stabilisera et que nous pourrons tenir tête à nos tendances négatives avec intrépidité.

Si, munis de toutes les instructions nécessaires pour atteindre la libération, nous manquons de vigilance et cédons toujours à nos mauvais penchants, nous partirons pour la vie suivante tourmentés et les mains vides, comme un marchand qui, distrait, vend pour quelques sous un objet d'une valeur inestimable et fait faillite.

Nous sommes naturellement enclins à perpétuer le passé : accumuler des biens, favoriser nos proches et rivaliser avec nos concurrents comme nous l'avons toujours fait. C'est pourquoi nous sommes constamment happés par des activités aussi inutiles qu'interminables. Rompons avec le passé et consacrons-nous à ce qui a vraiment de l'importance : la pratique spirituelle.

98 Si votre compréhension manque de force, invoquez votre maître, Gens de Tingri, et vous parviendrez à la réalisation.

Il arrive que nous nous découragions : notre pratique ne se stabilisera jamais, pensons-nous, elle n'est pas efficace, rien ne va, et nous nous demandons si nous ne ferions pas des progrès plus rapides en adoptant telle ou telle autre pratique. Quand le doute nous fait hésiter de la sorte, cultivons du fond du cœur une ardente et confiante dévotion pour notre maître spirituel, et les obstacles qui nous freinent se dissiperont en nous permettant de progresser. La foi inébranlable et la dévotion authentique agissent comme une loupe qui concentre les rayons du soleil et leur permet d'enflammer facilement un monceau d'herbes sèches.

Les véritables progrès sur la voie résultent des bénédictions du maître spirituel, et celles-ci répondent à notre dévotion. C'est par la dévotion que la plupart des grands maîtres du passé ont atteint la réalisation. On rapporte que de nombreux disciples de Gampopa réalisèrent la nature de leur esprit à la simple vue du mont Daklha Gampo, au pied duquel vivait Gampopa, tant leur dévotion était grande.

La dévotion est la panacée qui guérit toutes les maladies spirituelles. Force vitale de toute pratique, elle permet de satisfaire toutes les aspirations.

99 ***Si vous voulez être heureux lors de vos vies futures, acceptez les épreuves présentes,***
Gens de Tingri, et vous ne serez qu'à un doigt de la bouddhéité.

Qui sait quel sera notre prochain état d'existence ? À présent, nous supportons mal la faim, la chaleur, le froid. Ce ne sont pourtant là que des difficultés mineures, comparées aux souffrances susceptibles de nous échoir lors de nos vies futures. L'immuable félicité de la libération doit se préparer, dès à présent, par la pratique du Dharma.

Si nous nous désintéressons totalement des vies futures – ou doutons même qu'il y ait d'autres états d'existence que cet état présent – et ne nous intéressons qu'à « réussir » dans cette vie, nous gaspillons notre énergie en négligeant le potentiel si précieux que représente l'existence humaine. La bouddhéité n'est pas loin de celui qui se consacre à la réaliser : il la porte en lui. Elle est, ici et maintenant, la fraîcheur primordiale de l'instant présent. Elle est l'Éveil inné de chaque être.

Le riche qui fait travailler son capital accroît sa fortune; qui le néglige court à sa ruine. La nature de bouddha est notre richesse naturelle : à nous de la faire fructifier.

100 Je ne suis qu'un vieux maître indien qui va bientôt quitter votre village,
Gens de Tingri : si vous avez des doutes, clarifions-les immédiatement.

Padampa, le vieil *acharya* de l'Inde, rappelle à ses disciples que ses jours sont comptés. Vous aussi, sachez profiter de la réunion éphémère du maître et des disciples pour recevoir ses instructions et éclaircir vos doutes.

101 J'ai moi-même pratiqué sans distraction,
Gens de Tingri : vous devriez suivre mon exemple.

Ayant renoncé à toutes les activités profanes, Padampa Sangyé atteignit les accomplissements ordinaires et extraordinaire du Véhicule Adamantin. Il réalisa la nature ultime de l'esprit et put accomplir le bien d'innombrables êtres. Il avait dépassé toute distraction, toute confusion. Les Cent Conseils que nous venons de voir sont l'expression de sa réalisation intérieure. Nous devrions modeler notre transformation spirituelle sur les vies des saints d'autrefois. Si nous suivons l'exemple de Padampa Sangyé, il ne fait aucun doute que nous atteindrons son niveau de réalisation. Mais tout dépend de nos efforts : que cette aspiration s'empare de nos esprits !

Ici s'achèvent les *Cent Conseils de Padampa Sangyé aux gens de Tingri*, lesquels constituent son testament spirituel.

Notes

1 Padampa Sangyé (*pha dam pa sangs rgyas*, ? - 1117).

2 Les enseignements de la « Pacification de la souffrance » (*zhi byed*), introduits au Tibet par Padampa Sangyé, se fondent sur la connaissance transcendante (*prajñâpâramitâ*), laquelle dissipe l'ignorance, unique cause de la souffrance des êtres. À ces enseignements est encore associée la pratique du Tcheu (*gcod*), propagée au Tibet par la grande yogini Machik Labdrön (*ma gcig lab sgron*, 1055-1153). Le mot tibétain *tcheu* signifie « trancher », car le Tcheu vise à couper la croyance à la réalité ultime du soi individuel et des phénomènes, ainsi qu'à éliminer toute autre forme d'attachement. Cette pratique consiste en partie à visualiser l'offrande de notre corps à quatre types d'« hôtes » (*mgron po*) : 1) les Trois Joyaux, les bouddhas et les bodhisattvas, lesquels méritent toute notre foi et tout notre respect ; 2) les protecteurs de la doctrine doués d'excellentes qualités ; 3) tous les êtres animés qui méritent plus particulièrement notre compassion ; et 4) les esprits et forces négatives envers lesquels nous avons contracté des « dettes karmiques ».

3 Les nomades tibétains ont l'habitude de conserver le beurre dans des outres en peau de mouton dont on retrouve souvent des poils dans le beurre. Lorsqu'on retire l'un de ces poils, il n'emporte pas avec lui la moindre parcelle de beurre.

4 Cf. Patrul Rinpoché, *Le Chemin de la Grande Perfection*, Padmakara, 1997, p. 74.

5 Les « paroles de vérité » représentent des formulations concises et puissantes des fondements du bouddhisme, dont voici quelques exemples :

Sans commettre le moindre acte nuisible,
Pratiquez parfaitement la vertu,
Maîtrisez complètement votre esprit :
Tel est l'enseignement du Bouddha.

Comme une étoile, une hallucination, la flamme d'une lampe,
Une illusion, une goutte de rosée, une bulle d'air,
Un rêve, un éclair, un nuage,
Considérez le monde des phénomènes.

Toute chose est transitoire,
Toute passion est souffrance,
Tout phénomène est vide, dénué de réalité,
Seul le nirvâna transcende la souffrance.

6 L'« offrande de tormas d'eau » (*chu gtor*) et l'«offrande de fumées de nourriture » (*gsur*) sont présentées aux quatre « hôtes » (voir note 2). Faites avec amour et compassion, ces offrandes soulagent plus spécialement les *prétas* des affres de la faim et de la soif qui les tourmentent continûment.

L'offrande de tormas d'eau consiste en eau pure mêlée de lait et de boulettes de farine. L'offrande de fumées de nourriture s'accomplit en versant sur des braises de la farine mélangée aux « trois aliments blancs » (lait, beurre et fromage), aux « trois nourritures sucrées » (sucre, miel et mélasse) ainsi qu'à des substances consacrées. Ces offrandes s'accompagnent d'une visualisation du bouddha de la Compassion, Avalokiteshvara, sous l'aspect de *Kasarpani*, et de la récitation de son mantra *Om mani padme hûm hrîh.*

7 *Bardo* signifie « état de transition » et désigne communément la période qui sépare la mort de la renaissance. Il est plus précisément question de six bardos :

1. le *bardo* de la naissance et de la vie (*skye gnas bar do*),
2. le *bardo* de la concentration méditative (*bsam gtan bar do*),
3. le *bardo* du rêve (*rmi lam bar do*),
4. le *bardo* de l'instant de la mort (*'chi kha bar do*),
5. le *bardo* de la réalité absolue (*chos nyid bar do*),
6. le *bardo* du devenir (*srid pa bar do*).

8 Cf. *supra*, note 3.

9 Le *makara* (*chu srin*) est une espèce de monstre marin dont la forme évoque un crocodile géant.

10 Litt. « appliquez vos dix doigts sur votre poitrine » : geste indiquant, au Tibet, une profonde réflexion.

11 Dans la cosmologie bouddhiste, le mont Mérou, de même que les quatre continents, les huit sous-continents et les sept océans concentriques, reposent sur une base d'or.

12 Les huit préoccupations mondaines désignent le gain et la perte, le plaisir et la douleur, la louange et le blâme, la gloire et l'opprobre.

13 Cf. strophe 54 et commentaire.
Les cinq corps sont les suivants : les corps absolu, de jouissance et d'apparition, auxquels s'ajoutent le corps de diamant (*vajrakâya*), qui correspond au corps essentiel de la division en quatre corps, et le corps d'Éveil manifeste et parfait (*abhisambodhikâya*), qui désigne la possibilité même du déploiement des trois corps.

14 L'existence humaine peut être gaspillée en vaines préoccupations ou consacrée à la progression vers l'Éveil. Seule est qualifiée de « précieuse » l'existence humaine qui offre la liberté de pratiquer le Dharma et réunit toutes les conditions nécessaires pour ce faire. Pour progresser vers l'Éveil, il est nécessaire de posséder les huit libertés suivantes : ne pas être né dans les enfers, dans le monde des prétas, ni dans le règne animal, chez les barbares, les dieux de longue vie, les hommes aux vues erronées, dans un âge obscur durant lequel aucun bouddha n'est apparu, ou comme un handicapé mental incapable de saisir le sens du Dharma.

Il faut de plus réunir les dix conditions favorables à la pratique du Dharma, les dix « richesses » : cinq richesses « intrinsèques », qui dépendent de nous, et cinq richesses « extrinsèques », qui dépendent de facteurs extérieurs. Les cinq richesses intrinsèques sont les suivantes : jouir d'une existence humaine, être né dans un lieu où le Dharma existe, posséder toutes ses facultés physiques et mentales, ne pas agir à l'encontre du Dharma et avoir confiance dans les êtres dignes de foi. Les cinq richesses extrinsèques sont les suivantes : un bouddha est apparu durant notre ère et a exposé le Dharma ; ses enseignements subsistent et sont mis en pratique ; enfin, un maître spirituel est là pour nous guider.

15 L'« âge des cinq dégénérescences » (*dus snyigs ma lnga bdo*) correspond au sanskrit *kâliyuga*. C'est l'âge des résidus, où il ne reste que les débris des perfections de l'Âge d'Or. Cet âge sombre est caractérisé par cinq dégénérescences particulières : la dégénérescence de la durée de vie, de l'environnement, de la pensée philoso-

phique, de la sensibilité des êtres et de leur résistance aux émotions négatives.

16 *La Marche vers l'Éveil* (*Bodhicharyâvatâra*) est l'œuvre du bodhisattva Shântideva, lequel vécut en Inde au VIIIe siècle. Ce texte connut un grand rayonnement en Inde et au Tibet. Shântideva y explique d'abord comment on engendre l'esprit d'Éveil (*bodhicitta*). Puis il expose et illustre la pratique des cinq premières vertus transcendantes (générosité, discipline, patience, courage et concentration), qui est la mise en application de l'esprit d'Éveil. Dans le neuvième chapitre, consacré à la connaissance transcendante, il traite du fruit de la pratique : la réalisation de l'état de bouddha. Et dans le dixième, il dédie tous ses mérites à l'Eveil de tous les êtres animés. Traduction française : Padmakara, 2e éd. 1992 ; commentaire de Sa Sainteté le Dalaï Lama, *Comme un éclair déchire la nuit* (Albin Michel, 1992), pour les huit premiers chapitres et le chapitre de conclusion (X). On trouvera deux commentaires tibétains du neuvième chapitre dans *Comprendre la vacuité*, Padmakara, 1993.

Table des matières

13. Le Dharma guide après la mort.
14. Le karma : éviter de nuire.
15. Rien-à-faire contre hyperactivité.
16. Tout donner : rien n'est indispensable.
17. Nul n'est éternel : se tenir prêt à mourir.
18. C'est maintenant qu'il faut pratiquer.
19. L'insouciance est le pire des maux.
20. Pas de pont : préparer sa barque.
21. L'escorte du maître contre les brigands des cinq poisons.
22. Le maître est un refuge qui ne trompe pas.
23. La confiance dans le maître spirituel.
24. Générosité impartiale contre l'avarice du riche.
25. Le pouvoir est source de malheur pour tous.
26. Le bonheur est difficile pour le riche et le puissant.
27. Le Dharma est plus fiable que la famille et les amis.
28. Ne pas gâcher cette existence : pratiquer sur-le-champ.
29. Mourir en pleine distraction ?
30. Qui sait quand on mourra ?
31. On naît et on meurt seul.
32. La pensée de la mort résout bien des problèmes.
33. La mort approche irrémédiablement : il faut réagir.
34. Le corps, sa beauté, sa santé, ne durent pas toujours.
35. Le corps : une illusion trompeuse.
36. Les amis quittent toujours les amis.
37. Secrets de fabrication d'un épouvantail magique.
38. L'esprit est un aiglon qui doit apprendre à voler.
39. Amour et compassion pour tous les êtres animés.
40. La haine : une hallucination karmique.
41. Actes sacrés pour purifier le corps.
42. Récitations pour purifier la parole.
43. Dévotion pour le maître : purification de l'esprit.
44. Du corps matériel il faudra se séparer.

LE COMITÉ DE TRADUCTION PADMAKARA

Le comité de traduction Padmakara se compose de traducteurs et de relecteurs de différentes nationalités, encadrés par plusieurs maîtres tibétains qualifiés, principalement Tsétrul Péma Wangyal Rinpotché et Jigmé Khyentsé Rinpotché, dont la connaissance de la culture et des langues occidentales est un atout indispensable pour la transmission de cette sagesse.

Traductions réalisées en français

Le Chemin de la grande perfection, Patrul Rinpotché, Padmakara, 1987.

Dilgo Khyentsé Rinpotché, Padmakara, 1991.

Au Seuil de l'Eveil, Dilgo Khyentsé, Padmakara, 1991 ; 2e édition, 1998.

La Marche vers l'Éveil (*Bodhicaryâvatâra*), Shântideva, Padmakara, 1992.

Comme un éclair déchire la nuit, Dalaï-Lama, Albin Michel, 1992.

Audace et compassion, Dilgo Khyentsé, Padmakara, 1993.

Comprendre la vacuité, Khentchen Kunzang Palden et Minyak Kunzang Seunam, Padmakara, 1993.

La Vie de Yéshé Tsogyal, souveraine du Tibet, Gyalwa Tchangtchoub et Namkhai Nyingpo, Padmakara, 1995.

Le goût unique du bonheur et de la souffrance, Djigmé Tenpai Nyima, Padmakara, 1995.

La Fontaine de grâce, Dilgo Khyentsé, Padmakara, 1995.

Le Trésor du cœur des êtres éveillés, Dilgo Khyentsé, Seuil, 1995.

L'Esprit du Tibet, Matthieu Ricard, Seuil, 1996.

Les Contes de Jataka, volumes I, II, III, Padmakara, 1998-1999.

Traduction réalisées en anglais

The Excellent Path to Enlightenment, Dilgo Khyentse, Padmakara, 1987 ; réédition: Snow Lion Publications, 1996.

The Wish-Fulfilling Jewel, Dilgo Khyentse, Shambhala, 1988, 1995.

Dilgo Khyentse Rinpoche, Padmakara, 1990.

Enlightened Courage, Dilgo Khyentse, Padmakara, 1992 ; édition nord-américaine : Snow Lion Publications, 1994.

The Heart Treasure of the Enlightened Ones, Dilgo Khyentse, Shambhala, 1992.

A Flash of Lightning in the Dark of Night, the Dalai Lama, Shambhala, 1993.

Wisdom: Two Buddhist Commentaries, Khenchen Kunzang Palden and Minyak Kunzang Sönam, Padamakara, 1993; 2e édition : Padmakara 1999.

The Words of My Perfect Teacher, Patrul Rinpoche, International Sacred Literature Trust - HarperCollins, 1994; 2e édition ISLT, Sage Altamira/Shambhala, 1998.

The Life of Shabkar: Autobiography of a Tibetan Yogin, State University of New York Press, 1994.

Journey to Enlightenment, Matthieu Ricard, Aperture, 1996.

The Way of the Bodhisattva (Bodhicaryavatara), Shantideva, Shambhala, 1997.

Lady of the Lotus-born, Gyalwa Changchub and Namkhai Nyingpo, Shambhala, 1999.

Traductions réalisées en allemand

Der Friede beginnt in dir, Dalai Lama, O.W.Barth Verlag, 1994

Das Herzjuwel der Erleuchteten, Dilgo Khyentse, Theseus Verlag, 1994

Die geheime Dakini-Lehren, Padmasambhava, O. W. Barth Verlag, 1995.

In die Herzen ein Feuer, O. W. Barth Verlag, 1995.

Die sieben tibetischen Geistesübungen, Dilgo Khyentse, O. W. Barth Verlag, 1996.

Das Licht Tibets, Zweitausendeins, 1997.

Traduction réalisée en espagnol

Compasión Intrépida, Dilgo Khyentse, Ediciones Dharma, 1994

LES ÉDITIONS PADMAKARA

Les Éditions Padmakara, association à but non lucratif créée en 1987, se proposent de conserver et de révéler au public occidental les grands textes de la littérature tibétaine classique ou contemporaine, et plus particulièrement les écrits véhiculant la sagesse bouddhiste.

Publications en français

Le Chemin de la grande perfection, Patrul Rinpoché, 1987, 2e édition, 1997.

Dilgo Khyentsé Rinpotché, 1990.

Au Seuil de l'Éveil, Dilgo Khyentsé, 1991 ; 2e édition, 1998.

La Marche vers l'Éveil (Bodhicaryâvatâra), Shântideva, 1992.

Audace et compassion, Dilgo Khyentsé, 1993.

Comprendre la vacuité, Khentchen Kunzang Palden et Minyak Kunzang Seunam, 1993.

La Vie de Yéshé Tsogyal, souveraine du Tibet, Gyalwa Tchangtchoub et Namkhai Nyingpo, 1995.

Le Goût unique du bonheur et de la souffrance, Djigmé Tenpai Nyima, 1995.

La Fontaine de grâce, Dilgo Khyentsé, 1995.

Diamants de sagesse, Péma Wangyal, 1996.

Les Contes de Jataka, volumes I, II, III, 1998-1999.

Publications en anglais

The Excellent Path to Enlightenment, Dilgo Khyentse, 1987, réédition: Snow Lion Publications, 1996.

Dilgo Khyentse Rinpoche, 1990.

Enlightened Courage, Dilgo Khyentse, 1992.

Wisdom: Two Buddhist Commentaries, Khenchen Kunzang Palden and Minyak Kunzang Sönam, 1993 ; 2e édition, 1999.

Catalogues et livres disponibles par correspondance aux :

Éditions Padmakara
24290 Saint-Léon-sur-Vézère, France
Tél : 05 53 50 80 51 - Fax : 05 53 51 16 06

www.padmakara.org
e-mail : editions@padmakara.org

ISBN 2-906949-23-X

© 2000 ÉDITIONS PADMAKARA
24290 Saint-Léon-sur-Vézère
France

Photo de couverture : © Matthieu Ricard
Photo page 24 : © Shechen Archives

Tous droits réservés. La loi du 11 mars 1957 interdit les copies ou reproductions destinées à une utilisation collective. Toute repésentation ou reproduction intégrale, ou partielle, faite par quelque procédé que ce soit, sans le consentement écrit de l'éditeur, est illicite et constitue une contrefaçon sanctionnée par les articles 425 et suivants du Code pénal.

Achevé d'imprimer en juin 2000
sur les presses de l'imprimerie la Nef-Chastrusse
33000 Bordeaux

Dépôt légal : juin 2000